KB203600

서른두개의 사구게

금 강 심 경

서른두개의 사구게
금 강 심 경

청곡 백점기 지음

맑은소리
맑은나라

서른두개의 사구게 금강심경
©2023 청곡 백점기

초판 1쇄 인쇄 2023년 08월 25일
초판 1쇄 발행 2023년 08월 31일

지은이   청곡 백점기

펴낸이   김윤희
펴낸곳   맑은소리맑은나라
디자인   방혜영

출판등록 2000년 7월 10일 제 02-01-295 호
주소 부산광역시 중구 대청로 126번길 18 동광빌딩 501호
전화 051-255-0263 **팩스** 051-255-0953
이메일 puremind-ms@hanmail.net

ISBN 979-11-93385-00-5   02220   값 20,000원

아제 아제 바라아제 바라승아제
모지 사바하!

갑시다!
갑시다!
저 깨달음의 세계로 갑시다!
모두 함께 저 깨달음의 세계로 갑시다!

오!
깨달음이여!
축복이어라!

금강경 4개의 4구게

금강경 첫 번째 4구게 - 금강심경 제5 사구게

凡所有相, 皆是虛妄, 若見諸相非相,
범 소 유 상　　개 시 허 망　　약 견 제 상 비 상

卽見如來。
즉 견 여 래

무릇 상(相)을 가진 것은 모두 허망한 것이니, 만약
모든 상(相)이라는 것이 상(相)이 아님을 꿰뚫어 본
다면 곧 여래를 바로 볼 수 있을 것이니라.

금강경 두 번째 4구게 - 금강심경 제10 사구게

不應住色生心, 不應住聲香味觸法生心,
불응주색생심　불응주성향미촉법생심

應無所住, 而生其心。
응무소주　이생기심

마땅히 색(色)에 집착하는 마음을 내지 말고, 마땅
히 성향미촉법(聲香味觸法)에 집착하는 마음을 내
지 말아야 하느니, 마땅히 머무름(집착)이 없는 마
음을 내어야 하느니라.

금강경 세 번 째 4구게 - 금강심경 제26 사구게

不應以三十二相觀如來,
불 응 이 삼 십 이 상 관 여 래

若以色見我音聲求我, 是人行邪道,
약 이 색 견 아 음 성 구 아   시 인 행 사 도

不能見如來。
불 능 견 여 래

마땅히 32상(三十二相)으로는 여래를 볼 수 없느니,
만약 색(色, 불상, 절)으로 나 여래를 보려 하거나,
음성(音聲, 염불, 목탁소리)으로 나 여래를 찾으려
하는 자는 거짓된 도(道)를 행하는 것이니 나 여래
를 능히 볼 수 없을 것이니라.

금강경 네 번째 4구게 - 금강심경 제32 사구게

一切有爲法,　如夢幻泡影,
일 체 유 위 법　　여 몽 환 포 영

如露亦如電,　應作如是觀。
여 로 역 여 전　　응 작 여 시 관

일체유위법(一切有爲法)이란 '일체의 유위(有爲)는 꿈, 허깨비, 물거품, 그림자 같고 이슬 같고 또 번개와 같은 것'이라 보는 것인데, 마땅히 만물을 이렇게 보아야 하느니라.

각수승 연희 스님 금강경 변상도 목판(통도사 성보박물관)

금강반야바라밀다심경(금강심경) 32개의 4구게

제1 사구게 : 부처님께서 법회를 열게된 사유

佛在舍衛國,　祇樹給孤獨園,
불 재 사 위 국　기 수 급 고 독 원

與大比丘衆,　爲法會敷座而坐。
여 대 비 구 중　위 법 회 부 좌 이 좌

부처님께서 사위국의 기수급 고독원에 계셨는데 아주 많은 비구들과 법회를 진행하기 위해 자리를 펴고 앉으셨습니다.

제2 사구게 : 수보리가 일어나 부처님께 설법(說法)을 청하다

長老須菩提,　合掌恭敬,
장 로 수 보 리　합 장 공 경

而白佛言, 願樂欲聞。
이 백 불 언   원 요 욕 문

장로 수보리가 공경한 자세로 합장하고 부처님께
아뢰기를 바라옵건대 기쁜 마음으로 법문을 듣고자
하나이다.

제3 사구게 : 대승이 올바른 법(法)이다

凡諸菩薩摩訶薩, 無我人相、
범 제 보 살 마 하 살   무 아 인 상

無衆生壽者相, 應如是降伏其心。
무 중 생 수 자 상   응 여 시 항 복 기 심

무릇 모든 보살마하살(큰 보살)이라면 아상(我相),
인상(人相), 중생상(衆生相), 수자상(壽者相)의 집
착을 가지고 있어서는 안되느니, 마땅히 이와 같이
그 마음을 다스려야 하느니라.

제4 사구게 : 생색을 내지 않는 보시가 참보시이다

菩薩於法, 應無所住行於布施,
보 살 어 법　응 무 소 주 행 어 보 시

不住色布施, 不住聲香味觸法布施。
불 주 색 보 시　불 주 성 향 미 촉 법 보 시

법(法)을 따르는 보살이라면 보시를 행함에 있어서
마땅히 생색을 내지 않는 보시를 해야 하며, 색(色)
에 머무르지 않는 보시를 해야 하며, 성향미촉법(聲
香味觸法)에 머무르지 않는 보시를 해야 하느니라.

제5 사구게 : 상(相)을 꿰뚫어 보라

凡所有相, 皆是虛妄,
범 소 유 상　개 시 허 망

若見諸相非相, 即見如來。
약 견 제 상 비 상　즉 견 여 래

무릇 상(相)을 가진 것은 모두 허망한 것이니, 만약
모든 상(相)이라는 것이 상(相)이 아님을 꿰뚫어 본

다면 곧 여래를 바로 볼 수 있을 것이니라.

제6 사구게 : 올바른 믿음은 진귀하다

如來滅後後五百歲, 有持戒修福者,
여 래 멸 후 후 오 백 세   유 지 계 수 복 자

得聞如是言說章句, 能生信心。
득 문 여 시 언 설 장 구   능 생 신 심

여래가 열반하고 나서 5백년이 지난 뒤에도 계(戒)
를 지키고 복덕을 닦는 이는 이와 같은 말과 글귀에
도 능히 신심(信心)을 내게 될 것이니라.

제7 사구게 : 얻을 법(法)도 설(說)할 법(法)도 없다

無有定法, 名阿耨多羅三藐三菩提,
무 유 정 법   명 아 녹 다 라 삼 먁 삼 보 리

亦無有定法, 如來可說。
역 무 유 정 법   여 래 가 설

아뇩다라삼먁삼보리라 할 만한 법(法)은 없으며, 마

찬가지로 여래께서 설(說)하실 만한 법(法)도 없습
니다.

제8 사구게 : 법(法)에 따라 태어나다

若有人於此經中, 受持乃至四句偈等,
약 유 인 어 차 경 중　　수 지 내 지 사 구 게 등

爲他人說, 其福勝七寶布施。
위 타 인 설　　기 복 승 칠 보 보 시

만약 어떤 사람이 이 경(經)에 있는 사구게(四句偈)
의 한 게송(一偈頌)만이라도 받아 지니고 남을 위해
설법한다면 그 복덕이 칠보로 보시하여 얻는 복덕
보다 더 클 것이니라.

제9 사구게 : 다른 상(相)이 없어야 유일한 상(相)이다

阿羅漢四果, 名爲入流, 而無所入,
아 라 한 4 과　　명 위 입 류　　이 무 소 입

是名阿羅漢四果。
시 명 아 라 한 4 과

아라한4과(阿羅漢四果)는 성인(聖人)의 반열에 들었다는 이름인데 실은 성인의 반열에 들어간 것이 아니고, 그 이름을 아라한4과라 한 것뿐입니다.

제10 사구게 : 불국토(佛國土)는 장엄하고 청정하다

應如是生淸淨心, 不應住色生心,
응 여 시 생 청 정 심   불 응 주 색 생 심

不應住聲香味觸法生心,
불 응 주 성 향 미 촉 법 생 심

應無所住而生其心。
응 무 소 주 이 생 기 심

마땅히 이와 같이 청정심을 내어야 하고, 마땅히 색(色)에 집착하는 마음을 내지 말고, 마땅히 성향미촉법(聲香味觸法)에 집착하는 마음을 내지 말아야 하느니, 마땅히 머무름(집착)이 없는 마음을 내어야 하느니라.

제11 사구게 : 무위(無爲)의 복덕이 가장 크다

於此經中, 乃至受持四句偈等,
어 차 경 중　　내 지 수 지 사 구 게 등

爲他人說而此福德, 勝七寶布施福德。
위 타 인 설 이 차 복 덕　　승 칠 보 보 시 복 덕

이 경(經) 가운데 사구게(四句偈)의 한 게송(一偈頌)만이라도 받아 지니고 남을 위해 설법해 준다면 그 복덕이 칠보로 보시하는 복덕보다 더 크느니라.

제12 사구게 : 올바른 가르침을 존중하라

隨說是經乃至四句偈等, 當知此處,
수 설 시 경 내 지 사 구 게 등　　당 지 차 처

一切世間天人阿修羅,
일 체 세 간 천 인 아 수 라

皆應供養如佛塔廟。
개 응 공 양 여 불 탑 묘

이 경(經)에 있는 사구게(四句偈)의 한게송만이라도 마땅히 알지니, 천상, 인간, 아수라의 모든 세간

에서 마땅히 부처님의 탑묘처럼 공양할 것이니라.

제13 사구게 : 법(法)대로 받아 지녀라

以恒河沙等身命布施, 於此經中,
이 항 하 사 등 신 명 보 시   어 차 경 중

乃至受持四句偈等, 爲他人說其福甚多。
내 지 수 지 사 구 게 등   위 타 인 설 기 복 심 다

갠지스 강에 있는 모래 수만큼이나 신명을 바쳐 보
시하는 복덕보다 이 경(經)에 있는 사구게(四句偈)
의 한 게송(一偈頌)만이라도 받아 지니고 남을 위해
설법한 복덕이 심히 더 크니라.

제14 사구게 : 상(相)을 버려야 해탈할 수 있다

能於此經受持讀誦, 即爲如來以佛智慧,
능 어 차 경 수 지 독 송   즉 위 여 래 이 불 지 혜

悉知是人悉見是人,
실 지 시 인 실 견 시 인

皆得成就無量無邊功德。
개 득 성 취 무 량 무 변 공 덕

능히 이 경(經)을 수지독송(受持讀誦)하면 곧 여래
가 부처의 지혜로 이 사람들을 모두 다 보게 될 것
이니 한없는 공덕을 성취하게 될 것이니라.

제15 사구게 : 이 경(經)을 지니면 공덕을 얻을 수 있다

能受持讀誦廣爲他人說,
능 수 지 독 송 광 위 타 인 설

如來悉知是人悉見是人,
여 래 실 지 시 인 실 견 시 인

皆得成就不可思議功德,
개 득 성 취 불 가 사 의 공 덕

卽爲荷擔阿耨多羅三藐三菩提。
즉 위 하 담 아 뇩 다 라 삼 먁 삼 보 리

능히 이 경(經)을 수지독송(受持讀誦)하여 남을 위
해 널리 설법한다면 나 여래는 이 사람을 알고 이 사
람을 모두 보나니, 이 사람은 불가사의한 공덕을 성
취하게 될 것인 즉 나 여래의 아뇩다라삼먁삼보리
를 얻게 될 것이니라.

제16 사구게 : 업장(業障)을 청정하게 하라

當知是經, 義不可思議,
당 지 시 경　　의 불 가 사 의

所得功德, 亦不可思議。
소 득 공 덕　　역 불 가 사 의

마땅히 알아야 할 것이니, 이 경(經)은 뜻도 불가사의하고, 얻는 공덕 역시 불가사의한 것이니라.

제17 사구게 : 무아(無我)를 구경하라

若菩薩、 通達無我法者, 如來說、
약 보 살　　통 달 무 아 법 자　　여 래 설

名眞是菩薩。
명 진 시 보 살

만약 어떤 보살이 무아(無我)의 법(法)을 통달하였다면 나 여래는 이 사람을 참된 보살이라 부를 것이니라.

제18 사구게 : 중도(中道)를 관(觀)하라

爾所國土中, 所有衆生, 若干種心,
이 소 국 토 중   소 유 중 생   약 간 종 심

如來悉知。
여 래 실 지

저 많은 세계에 있는 모든 중생들의 갖가지 마음을
나 여래는 모두 다 알고 있느니라.

제19 사구게 : 법계를 두루 교화하라

若福德有實, 如來不說得福德多,
약 복 덕 유 실   여 래 불 설 득 복 덕 다

以福德無故, 如來說得福德多。
이 복 덕 무 고   여 래 설 득 복 덕 다

만약 복덕이 진실로 있는 것이라면 복덕을 많이 얻
을 것이라고 여래가 설(說)하지 않았을 터인데 복덕
이란 본래 없는 까닭으로 여래가 많은 복덕을 얻는
다고 설(說)하는 것이니라.

제20 사구게 : 색(色)도 버리고 상(相)도 버려라

如來說具足色身,　是名具足色身,
여래설구족색신　　시명구족색신

如來說具足諸相,　是名具足諸相。
여래설구족제상　　시명구족제상

여래께서 설(說)하신 바 구족색신(具足色身)이란 그 이름을 구족색신이라 하신 것뿐이며, 여래께서 설(說)하신 바 구족제상(具足諸相)이란 그 이름을 구족제상이라 하신 것뿐입니다.

제21 사구게 : 설(說)할 수 있는 법(法)은 없다

彼非衆生,　非不衆生,　衆生衆生者,
피비중생　　비불중생　　중생중생자

是名衆生。
시명중생

중생이냐 아니냐를 초월해야 하느니, 중생들이 말하는 중생이란 그 이름을 중생이라 한 것뿐이니라.

제22 사구게 : 얻을 수 있는 법(法)은 없다

如來於、 阿耨多羅三藐三菩提,
여 래 어　　아 녹 다 라 삼 먁 삼 보 리

乃至無有少法可得,
내 지 무 유 소 법 가 득

是名阿耨多羅三藐三菩提。
시 명 아 녹 다 라 삼 먁 삼 보 리

나 여래에게 있어 아뇩다라삼먁삼보리는 조그마한 법(法)도 얻은 것이 없기에 그 이름을 아뇩다라삼먁삼보리라 한 것뿐이니라.

제23 사구게 : 청정심으로 선업(善業)을 행하라

以無我人, 以無衆生壽者,
이 무 아 인　　이 무 중 생 수 자

修一切善法、 即得阿耨多羅三藐三菩提。
수 일 체 선 법　　즉 득 아 녹 다 라 삼 먁 삼 보 리

아상(我相)도 없고, 인상(人相)도 없고, 중생상(衆生相)도 없고, 수자상(壽者相)도 없는 일체의 선법

(善法)으로 수행하면 곧 아뇩다라삼먁삼보리를 얻
게 될 것이니라.

제24 사구게 : 복덕은 지혜에 비할 바 아니다

以此般若波羅蜜多經乃至四句偈等,
이 차 반 야 바 라 밀 다 경 내 지 사 구 게 등

受持讀誦爲他人說,　於七寶布施福德,
수 지 독 송 위 타 인 설　　어 칠 보 보 시 복 덕

算數譬喩所不能及。
산 수 비 유 소 불 능 급

이 반야바라밀경다경으로 또는 사구게(四句偈)의
한 게송(一偈頌)만이라도 수지독송(受持讀誦)하여
남을 위해 설법한다면 칠보 재물보시로 얻는 복덕
보다 이 법보시의 복덕이 숫자로는 도저히 비교할
수 없을 만큼 클 것이니라.

제25 사구게 : 분별없는 교화는 낭비하는 것이다

有我者卽非有我, 以爲有我,
유 아 자 즉 비 유 아　　이 위 유 아

凡夫者卽非凡夫, 是名凡夫。
범 부 자 즉 비 범 부　　시 명 범 부

'아(我)가 있다'라 함은 곧 아(我)가 있어서가 아니거늘, 범부(凡夫)라는 것도 범부가 아니라 그 이름을 범부라 한 것뿐이니라.

제26 사구게 : 법신(法身)은 상(相)이 없다

不應以三十二相觀如來,
불 응 이 삼 십 이 상 관 여 래

若以色見我音聲求我,
약 이 색 견 아 음 성 구 아

是人行邪道, 不能見如來。
시 인 행 사 도　　불 능 견 여 래

마땅히 32상(三十二相)으로는 여래를 볼 수 없느니, 만약 색(色, 불상, 절)으로 나 여래를 보려 하거나,

음성(音聲, 염불, 목탁소리)으로 나 여래를 찾으려
하는 자는 거짓된 도(道)를 행하는 것이니 나 여래
를 능히 볼 수 없을 것이니라.

제27 사구게 : 단절과 소멸을 초월하라

得阿耨多羅三藐三菩提心者,
득 아 녹 다 라 삼 먁 삼 보 리 심 자

不以具足諸相,
불 이 구 족 제 상

發阿耨多羅三藐三菩提心者,
발 아 녹 다 라 삼 먁 삼 보 리 심 자

不說諸法斷滅。
불 설 제 법 단 멸

'아뇩다라삼먁삼보리심을 얻는다' 라 함은 구족제
상(具足諸相)으로서가 아니며, '아뇩다라삼먁삼보
리심을 낸다' 라 함은 모든 법(法)의 단멸을 말하는
것이 아니니라.

제28 사구게 : 공덕을 탐하지 말라

以滿恒河沙等世界七寶,
이 만 항 하 사 등 세 계 칠 보

持用布施, 知一切法無我得成於忍,
지 용 보 시　　지 일 체 법 무 아 득 성 어 인

勝前菩薩所得功德。
승 전 보 살 소 득 공 덕

갠지스 강에 있는 모래 수만큼이나 많은 세계에 가
득찬 칠보를 가지고 보시하여 얻는 공덕보다 모든
법이 무아(無我)임을 알고 인욕(忍辱)으로 얻게 되
는 보살의 공덕이 더 클 것이니라.

제29 사구게 : 여래(如來)는 오고 감이 없다

如來者, 無所從來, 亦無所去,
여 래 자　　무 소 종 래　　역 무 소 거

是名如來。
시 명 여 래

여래라 함은 어디로 오거나 마찬가지로 어디로 가

는 존재가 아니라 이름을 여래라고 한 것뿐이니라.

제30 사구게 : 절대적인 하나의 상(相)이란 없다

一合相者、 即是不可說,
일 합 상 자　즉 시 불 가 설

但凡夫之人, 貪着其事。
단 범 부 지 인　탐 착 기 사

절대적인 한 상(一合相)이란 곧 설(說)하기 불가한
것인데, 단지 범부(凡夫)들이 그것을 탐하고 집착하
고 있는 것이니라.

제31 사구게 : 알고 있다는 견해를 내지 말라

發阿耨多羅三藐三菩提心者,
발 아 녹 다 라 삼 먁 삼 보 리 심 자

於一切法, 應如是知見信解,
어 일 체 법　응 여 시 지 견 신 해

不生法相。
불 생 법 상

법(法)에 대하여 마땅히 이렇게 알고, 이렇게 보고, 이렇게 믿고 이해해서 법(法)이라는 상(相)을 내어서는 안되는 것이니라.

제32 사구게 : 모든 것은 꿈이다

一切有爲法,　如夢幻泡影,
일 체 유 위 법　여 몽 환 포 영

如露亦如電,　應作如是觀。
여 로 역 여 전　응 작 여 시 관

일체유위법(一切有爲法)이란 '일체의 유위(有爲)는 꿈, 허깨비, 물거품, 그림자 같고 이슬 같고 또 번개와 같은 것'이라 보는 것인데, 마땅히 만물을 이렇게 보아야 하느니라.

차례

머리말

    대승불교의 모태가 되는 경전은 모두 600권에 이르는 반야경(般若經)인데, 앞쪽의 내용은 금강경(金剛經)이 되고, 뒤쪽의 내용은 반야심경(般若心經)이 되었습니다. 금강경은 402년 중국에서 활동했던 Kucha왕국(지금의 중국 서북부 신장·위구르 자치구의 쿠차현(庫車縣) 지역에 있던 왕국으로 당나라 승려 현장(玄奘)과 신라 승려 혜초(慧超)도 이곳을 들렀다고 함)의 왕자 출신 승려인 Kumara-jiva(구마라습, 鳩摩羅什, 344-413)에 의해 한문으로 번역되었으며, 부처님의 가르침을 정리한 대표적인 불교 경전입니다.

    금강경은 줄여 부르는 말이고 원래 이름은 금강

반야바라밀경입니다. 금강경 원문은 총 32장 6,000 여자로 구성되어 있습니다. 금강경 원문에서는 장(章) 대신에 분(分)이라는 용어를 사용하고 있습니다. 금강경 원문을 완독하는 데는 음률을 넣은 스님들의 독송 방식으로는 40분, 일반인의 단순 독송 방식으로는 30분이 걸립니다.

마하반야바라밀다심경(摩訶般若波羅蜜多心經)은 현장법사가 부처님 가르침의 핵심내용을 260자로 축약시킨 버전입니다. 반야심경은 줄여 부르는 말이고 원래 이름은 마하반야바라밀다심경입니다. 반야심경은 부처님의 가르침을 상징적인 표현 방식으로 너무 짧게 축약시킨 나머지 내용이 아주 철학적이어서 필연적으로 다양한 해석이 나오는 등 그 뜻을 이해하는 데 의견이 분분하고, 부처님의 가르침을 완벽하게 전달하지 못한다는 비판도 제기되어 왔습니다.

재가불자나 일반인에게 금강경 원문은 완독하기에는 너무 길고, 반야심경은 부처님의 가르침을 깊이 있게 이해하기에는 너무 짧습니다. 지은이는 금강경 원문과 반야심경 두 가지 경전 모두를 활용하여 부처님의 가르침을 공부하면서 이러한 불편함을 느끼고, 금강경의 핵심을 좀 더 여유있는 수의 자구(字句)로 재정리해 보면 어떨까 생각하게 되어 감히 〈금강심경(金鋼心經)〉이라는 새로운 명칭의 버전을 편찬하게 된 것입니다.

금강심경은 줄여 부르는 말이고 원래 이름은 금강반야바라밀다심경(金剛般若波羅密多心經)입니다. 여기서 심(心)은 '핵심'이라는 뜻입니다. 따라서 금강심경은 금강경의 핵심을 다룬 버전입니다.

불교 경전의 수지독송(受持讀誦)은 지혜(智慧)와 깨달음을 얻기 위해 경(經)을 읽고 그 뜻을 마음속에 되새기는 중요한 수행 방법입니다. 그러나 수

천년 전에 중국식 한자의 자구(字句)로 정리된 경전을 수지독송(受持讀誦)하고 염불(念佛)하기에는 어려움이 따릅니다. 경(經)이라는 상(相)이 아니라 부처님과 부처님 가르침의 본 뜻을 깊이 이해하는 것이 더 중요할 것입니다. 따라서 현대인이 이해하기 쉬운 문장으로 재정리할 필요가 있습니다.

이 책을 편찬하게 된 주요 목적은 두 가지입니다. 첫째는 초보자들이 금강경의 뜻을 충분히 이해하지도 못한 채 단순히 독송에만 그치는 경우가 많기 때문에 부처님의 가르침 내용을 충분히 이해하면서 독송할 수 있도록 돕는데 있습니다. 둘째는 금강경의 독송에 30분 이상 걸리는 시간을 5분 이내로 단축시키는 데 있습니다.

이를 위해 총 32개의 장(章)에 대해 각 장 별로 4구게(四句揭)를 한 개씩 총 32개의 4구게를 정리하여 〈금강심경(金鋼心經)〉을 구성하였습니다. 이 가운데 금강경 원문에서 통상적으로 제시하고 있는 네 개의 4구게(四句偈)는 제5장 여리실견, 제10장 장엄정토, 제26장 법신비상, 제32장 응화비진에서 도출한 것입니다.

금강경 원문은 석가모니 부처님이 생존하고 있을 때 직접 집필한 것이 아니라 부처님이 열반하고 나서 수십년이 지난 후에 그동안 구전되어 오던 가르침을 고대 인도 승려들이 산스크리트어로 정리하였고, 다시 천년이 지난 후에 이를 Kumarajiva(구마라습, 鳩摩羅什)가 중국식 한자로 번역한 것입니다.

이 과정에 부처님의 가르침을 완벽하게 묘사해 내었다고 보기 어려운 부분이 있고, 특히 산스크리트어로 된 원문을 한문으로 번역하면서 문장이 명확하지 않아 해석하는 사람에 따라 그 뜻을 상당히 다르게 이해할 수밖에 없는 경우도 있습니다. 이것은 어쩌면 불가피한 측면이긴 하지만 가능하다면 당연히 해결해야 할 문제점이기도 합니다.

따라서 이 책자를 정리하면서 극히 일부이긴 하지만 한문으로 작성된 금강경 원문의 단어를 일부 수정하였음을 밝혀 둡니다. 예를 들어, 바라밀다(波羅密多)는 산스크리트어 Paramita의 음을 중국식 한자로 표기한 것으로 뜻은 '완성' 입니다. 금강경 원문에서는 이를 바라밀(波羅密)로 표기하고 있으나, 반야심경에서는 바라밀다(波羅密多)로 표기하고 있습니다. 당연히 바라밀다가 산스크리트어 원음에 더 가까운 표기입니다.

따라서 이 책에서는 모두 바라밀다(波羅密多)로 통일하여 표기하였습니다. 또한 금강경 원문에서 석가모니 부처님은 장로(長老)인 수보리(須菩提)와의 문답중에서 자신을 여래(如來)라고 칭하고 있습니다. 그런데 일부 문장에서 석가모니 부처에게 수기(授記)를 준 연등불(燃燈佛)과 뒤섞여 사용되는 부분이 있어서 이를 명확히 하기 위해 수정을 가했습니다.

출가한 스님이나 부처님의 가르침을 제대로 공부한 불자라면 금강경의 원문에 감히 손을 대어서는 안된다고 생각할 지도 모르겠습니다. 하지만 부처님께서도 설(說)한 바와 같이 '불경'(佛經)을 영원불변의 한 상(相)으로만 보고 손을 대어서는 안되는 절대적인 존재로 집착하기 보다 오히려 부처님의 가르침을 중생들에게 명약관화하게 설(說)하기 위해 오류의 수정은 말할 것도 없고, 나아가 현대적이면서 알기 쉬운 문장으로 수정 보완되어져야 할 존재로 보는 것이 더 합리적이고, 이는 석가모니 부처님께서도 바라는 바일 것입니다.

이 책의 편찬 목적은 금강경의 핵심 내용을 다룬 금강심경을 기술하는 데 있지만, 그 원문에 대한 해석내용도 기술하고 있습니다. 부록에는 이 책자를 읽을 때 알아 두어야 할 불교 기본 용어 사전을 실 었습니다.

이 책자는 지은이가 금강경을 공부하면서 나름 대로 정리한 내용을 독자들과 공유하기 위해 출판 하게 된 것입니다. 금강경에서도 그 중요성을 강조 하고 있는 법보시(法布施)의 일환이라 할 수 있습니 다. 갠지스 강에 있는 모래수 만큼이나 많은 칠보로 보시하는 것보다도 금강경에 나와 있는 4구게의 한 게송만이라도 받아 지니고 남을 위해 설법하는 것 이 더 큰 공덕이 되기 때문입니다.

끝으로 이 책을 통해 재가불자나 일반인이 일상 생활 속에서 금강경의 핵심 내용을 충분히 파악하 고 부처님의 핵심 가르침인 4성제(四聖諦)와 8정도 (八正道) 그리고 6바라밀다(六波羅密多)의 실천 수 행법을 통해 아뇩다라삼먁삼보리에 이르는 올바른 지혜를 얻을 수 있기를 바라는 마음입니다.

지은이가 정리하여 편찬한 책자 〈초보자를 위한 반야심경 공부, 비움과채움〉, 〈초보자를 위한 부처님의 가르침 공부, 비움과채움〉도 함께 일독하기를 권합니다. 아제아제 바라아제 바라승아제 모지 사바하! (갑시다! 갑시다! 저 깨달음의 세계로 갑시다! 모두 함께 저 깨달음의 세계로 갑시다! 오! 깨달음이여! 축복이어라!)

　　　　　　중국 닝보(宁波)에서 靑谷 白点基

제 1 장

法會因由
법 회 인 유

◉

부처님께서 법회를 열게 된 사유

제1장 **法會因由** 법회인유

원문

> 如是我聞, 一時、佛在舍衛國,
> 여 시 아 문　　일 시　　불 재 사 위 국
>
> 祇樹給孤獨園, 與大比丘衆、
> 기 수 급 고 독 원　　여 대 비 구 중
>
> 千二百五十人俱。
> 천 이 백 오 십 인 구

의역

제가 듣기로 한 때 부처님께서 사위국의 기수급 고
독원에 1,250명의 비구들과 함께 계셨습니다.

爾時, 世尊、 食時, 着衣持鉢,
이 시　세 존　식 시　착 의 지 발

入舍衛大城, 乞食於其城中,
입 사 위 대 성　걸 식 어 기 성 중

次第乞已, 還至本處。
차 제 걸 이　환 지 본 처

의역

그 때 세존께서는 식사(공양)할 때가 되어 옷(가사)을 입고 발우(밥그릇)를 들고 사위국의 성에 들어가 그 성안에서 걸식을 하고 나서 계시던 곳으로 되돌아오셨습니다.

원문

飯食訖, 收衣鉢, 洗足已, 敷座而坐。
반 식 흘　수 의 발　세 족 이　부 좌 이 좌

의역

식사를 마치고 옷(가사)과 발우(밥그릇)를 정리하고 나서 발을 씻고 자리를 펴고 앉으셨습니다.

금강심경 제1 사구게

佛在舍衛國, 祇樹給孤獨園,
불 재 사 위 국　기 수 급 고 독 원

與大比丘衆, 爲法會敷座而坐。
여 대 비 구 중　위 법 회 부 좌 이 좌

의역

부처님께서 사위국의 기수급 고독원에 계셨는데 아주 많은 비구들과 법회를 진행하기 위해 자리를 펴고 앉으셨습니다.

제 2 장

善 現 起 請
선   현   기   청

수보리가 일어나 부처님께 설법說法을 청하다

제2장 善現起請 선현기청

원문

爾時, 長老須菩提, 在大衆中, 卽從座起,
이시　장로수보리　재대중중　즉종좌기

偏袒右肩, 右膝着地, 合掌恭敬,
편단우견　우슬착지　합장공경

而白佛言。
이백불언

의역

그 때 장로 수보리가 무리 가운데 있다가 일어나서 오른쪽 어깨에 옷(가사)을 걸치고 오른쪽 무릎을 꿇고 공경한 자세로 합장하면서 부처님께 아뢰었습니다.

원문

希有世尊! 如來、 善護念諸菩薩,
희유세존 여래 선호념제보살

善付囑諸菩薩。
선부촉제보살

의역

희유(希有, 매우 진귀함)하신 세존이시여! 여래께서는 모든 보살들을 잘 호념(護念, 보살핌)해 주시고, 모든 보살들을 잘 부촉(付囑, 부처님께서 설법을 마친 뒤에 보살에게 불법의 전도를 부탁하여 위촉하는 의식)해 주십니다.

원문

世尊! 善男子、 善女人、
세존 선남자 선여인

發阿耨多羅三藐三菩提心,
발아녹다라삼먁삼보리심

應云何住，云何降伏其心？
응 운 하 주　　운 하 항 복 기 심

의역

세존이시여! 남녀 가릴 것 없이 아뇩다라삼먁삼보리심을 내어, 마땅히 어떻게 머무르게 하며, 어떻게 그 마음을 다스려야 합니까?

원문

佛言；善哉善哉，須菩提！如汝所說，
불 언　　선 재 선 재　　수 보 리　　여 여 소 설

如來、善護念諸菩薩，善付囑諸菩薩，
여 래　　선 호 념 제 보 살　　선 부 촉 제 보 살

汝今諸聽，當爲汝說。
여 금 제 청　　당 위 여 설

의역

부처님께서 말씀하시기를 갸륵하고 갸륵하구나, 수

보리여! 그대가 말한대로 여래는 모든 보살들을 잘
보살피고, 모든 보살들에게 잘 부촉해 주고 있으니,
그대들을 위해 설(說)할 터이니 지금 모두 잘 듣거
라.

원문

善男子、善女人、
선 남 자　　선 여 인

發阿耨多羅三藐三菩提心，應如是住，
발 아 녹 다 라 삼 먁 삼 보 리 심　　응 여 시 주

如是降伏其心。
여 시 항 복 기 심

의역

남녀할 것 없이 아뇩다라삼먁삼보리심을 내어 마땅
히 머무르게 해야 하고, 그 마음을 다스려야 하느니
라.

원문

唯然世尊! 願樂欲聞。
유 연 세 존　　원 요 욕 문

의역

그러하옵니다, 세존이시여! 바라옵건대 기쁜 마음
으로 법문을 듣고자 하나이다.

금강심경 제 2 사구게

長老須菩提, 合掌恭敬,
장 로 수 보 리　　합 장 공 경

而白佛言, 願樂欲聞。
이 백 불 언　　원 요 욕 문

의역

장로 수보리가 공경한 자세로 합장하고 부처님께
아뢰기를 바라옵건대 기쁜 마음으로 법문을 듣고자
하나이다.

제 3 장

大乘正宗
대 승 정 종

◉

대승이 올바른 법法이다

제3장 大乘正宗 대승정종

원문

佛告; 須菩提!
불 고   수 보 리

諸菩薩摩訶薩,　應如是降伏其心。
제 보 살 마 하 살　응 여 시 항 복 기 심

의역

부처님께서 말씀하시기를 수보리여! 모든 보살마하
살(큰 보살)은 마땅히 이와 같이 그 마음을 다스려
야 하느니라.

원문

所有一切衆生之類, 若卵生、 若胎生、
소유일체중생지류   약란생   약태생

若濕生、 若化生、 若有色、 若無色、
약습생   약화생   약유색   약무색

若有想、 若無想、 若非有想非無想,
약유상   약무상   약비유상비무상

我皆令入無餘涅槃, 而滅度之。
아개영입무여열반   이멸도지

의역

세상에 있는 일체의 중생으로서 알에서 태어나든,
아이를 배어 태어나든, (뱀, 개구리, 모기들 처럼) 습
한 곳에서 태어나든, 다른 생명체에 기생하지 않고
갑자기 생겨나든, 형상이 있든, 형상이 없든, 생각
이 있든, 생각이 없든, 생각이 있는 것도 아니고 없
는 것도 아닌 것을 모두 나 여래가 무여열반(無餘涅
槃)에 들도록 해서 멸도(滅度, 번뇌의 소멸)에 이르
게 할 것이니라.

如是滅度，無量無數無邊衆生，
여 시 멸 도　　무 량 무 수 무 변 중 생

實無衆生，得滅度者!
실 무 중 생　　득 멸 도 자

의역

이처럼 수많은 중생이 멸도에 이르게 교화해 왔으
나 사실은 한 중생도 멸도를 얻은 이가 없구나!

원문

何以故、須菩提! 若菩薩、有我相、
하 이 고　　수 보 리　　약 보 살　　유 아 상

人相、衆生相、壽者相、卽非菩薩。
인 상　　중 생 상　　수 자 상　　즉 비 보 살

의역

왜냐하면, 수보리여! 만약 어떤 보살이 아상(我相)

을 가지고 있거나, 인상(人相)을 가지고 있거나, 중생상(衆生相)을 가지고 있거나, 수자상(壽者相)을 가지고 있다면 곧 보살이 아니기 때문이니라.

금강심경 제 3 사구게

凡諸菩薩摩訶薩, 無我人相、
범 제 보 살 마 하 살   무 아 인 상

無衆生壽者相, 應如是降伏其心。
무 중 생 수 자 상   응 여 시 항 복 기 심

의역

무릇 모든 보살마하살(큰 보살)이라면 아상(我相), 인상(人相), 중생상(衆生相), 수자상(壽者相)의 집착을 가지고 있어서는 안되느니, 마땅히 이와 같이 그 마음을 다스려야 하느니라.

제 4 장

妙 行 無 住
묘 행 무 주

◉

생색을 내지 않는 보시가 참보시이다

제4장 妙行無住 묘행무주

원문

復次、 須菩提! 菩薩於法, 應無所住,
부차　　 수보리　 보살어법　 응무소주

行於布施, 所謂、 不住色布施,
행어보시　 소위　　 불주색보시

不住聲香味觸法布施。
불주성향미촉법보시

의역

거듭 말하거니와, 수보리여! 법(法)을 따르는 보살
이라면 보시를 행함에 있어서 마땅히 생색을 내지
않는 보시를 해야 하며, 이른바 색(色)에 머무르지
않는 보시를 해야 하며, 성향미촉법(聲香味觸法)에
머무르지 않는 보시를 해야 하느니라.

원문

須菩提! 菩薩、 應如是布施, 不住於相!
수 보 리　 보 살　　 응 여 시 보 시　　 불 주 어 상

의역

수보리여! 보살이라면 마땅히 이렇게 보시하여 상
(相)에 머물지 말아야 하느니라!

원문

何以故, 若菩薩、 不住相布施,
하 이 고　　 약 보 살　　 불 주 상 보 시

其福德不可思量。
기 복 덕 불 가 사 량

의역

왜냐하면, 만약 어떤 보살이 상(相)에 머무르지 않
는 보시를 한다면 그 복덕은 가히 헤아릴 수 없이 크
기 때문이니라.

須菩提! 於意云何, 東方虛空,
수보리　어의운하　동방허공

可思量不? 不也、世尊!
가사량부　불야　세존

의역

수보리여! 그대 생각에 동쪽의 허공을 가히 헤아릴
수 있겠느냐? 아니옵니다, 세존이시여!

원문

須菩提! 南西北方、四維上下虛空,
수보리　남서북방　사유상하허공

可思量不? 不也、世尊!
가사량부　불야　세존

의역

수보리여! 남서북쪽, 상하 네 방향의 허공을 가히 헤

아릴 수 있겠느냐? 아니옵니다, 세존이시여!

원문

須菩提! 菩薩、無住相布施福德,
수 보 리   보 살   무 주 상 보 시 복 덕

亦復如是, 不可思量。
역 부 여 시   불 가 사 량

의역

수보리여! 보살이 무주상보시(無住相布施)를 행한
다면 그 복덕도 마찬가지로 그 양을 헤아릴 수 없느
니라.

원문

須菩提! 菩薩、但應如所敎住。
수 보 리   보 살   단 응 여 소 교 주

의역

수보리여! 보살이라면 마땅히 나 여래가 가르친 바 대로 따라야 하느니라.

금강심경 제 4 사구게

菩薩於法, 應無所住行於布施,
보 살 어 법   응 무 소 주 행 어 보 시

不住色布施, 不住聲香味觸法布施。
불 주 색 보 시   불 주 성 향 미 촉 법 보 시

의역

법(法)을 따르는 보살이라면 보시를 행함에 있어서 마땅히 생색을 내지 않는 보시를 해야 하며, 색(色)에 머무르지 않는 보시를 해야 하며, 성향미촉법(聲香味觸法)에 머무르지 않는 보시를 해야 하느니라.

제 5 장

如理實見
여 리 실 견

상相을 꿰뚫어 보라

제5장 如理實見 여리실견

원문

須菩提! 於意云何, 可以身相,
수보리　어의운하　가이신상

見如來不? 不也、世尊!
견여래부　불야　세존

不可以身相, 得見如來。
불가이신상　득견여래

의역

수보리여! 그대 생각에 육신의 모습으로 여래를 볼 수 있겠느냐? 아니옵니다, 세존이시여! 육신의 모습으로 여래를 뵐 수 없습니다.

원문

何以故, 如來所說身相, 卽非身相。
하 이 고　여 래 소 설 신 상　즉 비 신 상

의역

왜냐하면, 여래께서 설(說)하신 바 육신의 모습이란 육신의 모습을 초월한 것이기 때문입니다.

원문

佛告; 須菩提! 凡所有相, 皆是虛妄,
불 고　수 보 리　범 소 유 상　개 시 허 망

若見諸相非相, 卽見如來。
약 견 제 상 비 상　즉 견 여 래

의역

부처님께서 말씀하시기를 수보리여! 무릇 상(相)을 가진 것은 모두 허망한 것이니, 만약 모든 상(相)이라는 것이 상(相)이 아님을 꿰뚫어 본다면 곧 여래를 바로 볼 수 있을 것이니라.

금강심경 제5 사구게

凡所有相, 皆是虛妄,
범 소 유 상　개 시 허 망

若見諸相非相, 卽見如來。
약 견 제 상 비 상　즉 견 여 래

의역

무릇 상(相)을 가진 것은 모두 허망한 것이니, 만약
모든 상(相)이라는 것이 상(相)이 아님을 꿰뚫어 본
다면 곧 여래를 바로 볼 수 있을 것이니라.

제 6 장

正信希有
정 신 희 유

●

올바른 믿음은 진귀하다

제6장 正信希有 정신희유

원문

須菩提白佛言; 世尊! 頗有衆生,
수보리백불언   세존   파유중생

得聞如是, 言說章句, 生實信不?
득문여시   언설장구   생실신부

의역

수보리가 부처님께 여쭈기를 세존이시여! 이 같은 말씀이나 글귀만을 듣고도 실제로 믿음을 내는 중생들이 있겠습니까?

원문

佛告; 須菩提! 莫作是說, 如來滅後,
불고　수보리　막작시설　　여래멸후

後五百歲, 有持戒修福者,
후오백세　유지계수복자

於此章句, 能生信心, 以此爲實。
어차장구　능생신심　이차위실

의역

부처님께서 말씀하시기를 수보리여! 그런 말하지
말아라. 여래가 열반하고 나서 5백년이 지난 뒤에
도 계(戒)를 지키고 복덕을 닦는 이는 능히 이와 같
은 말과 글귀에 신심(信心)을 내어 실제로 믿음을
가지게 될 것이니라.

원문

當知是人、 不於一佛二佛三四五佛,
당지시인　　불어일불이불삼사오불

而種善根已於無量、 千萬佛所種諸善根,
이 종 선 근 이 어 무 량　　천 만 불 소 종 제 선 근

聞是章句乃至一念, 生淨信者。
문 시 장 구 내 지 일 념　　생 정 신 자

의역

이런 이는 한 부처님이나 두 부처님, 서너 다섯 부처님께 수많은 선근(善根, 청정심의 뿌리)을 심었고, 모든 선근을 천만 부처님 처소에도 심어서 이 같은 글귀를 듣거나 일념(一念, 집중하여 생각)만으로도 청정한 믿음을 내는 자들임을 알아야 하느니라.

원문

須菩提! 如來、 悉知悉見,
수 보 리　　여 래　　실 지 실 견

是諸衆生, 得如是無量福德。
시 제 중 생　　득 여 시 무 량 복 덕

수보리여! 나 여래는 모든 중생들이 이로써 한량없
는 복덕을 얻게 될 것임을 다 알고 다 보고 있느니라.

원문

何以故, 是諸衆生, 無復我相、
하 이 고　시 제 중 생　무 복 아 상

人相、衆生相、壽者相、無法相、
인 상　중 생 상　수 자 상　무 법 상

亦無非法相。
역 무 비 법 상

의역

왜냐하면, 이 같은 중생들은 아상(我相), 인상(人
相), 중생상(衆生相), 수자상(壽者相), 무법상(無法
相)을 다시 되돌리지 않으며, 법상(法相)을 초월한
비법상(非法相)도 마찬가지로 되돌리지 않기 때문
이니라.

원문

何以故,　是諸衆生,　若心取相,
하 이 고　　시 제 중 생　　약 심 취 상

卽爲着我人衆生壽者,　若取法相、
즉 위 착 아 인 중 생 수 자　　약 취 법 상

卽着我人衆生壽者。
즉 착 아 인 중 생 수 자

의역

왜냐하면, 이 같은 중생들은 만약 아상(我相), 인상
(人相), 중생상(衆生相), 수자상(壽者相)을 마음에
취하게 되면 곧바로 집착임을 알게 될 뿐아니라, 만
약 법상(法相)을 취하게 되더라도 곧바로 집착임을
알게 되기 때문이니라.

원문

何以故,　若取非法相、
하 이 고　　약 취 비 법 상

即着我人衆生壽者。
즉 착 아 인 중 생 수 자

의역

왜냐하면, 만약 법상(法相)을 초월한 비법상(非法相)을 취하게 되면 곧바로 아상(我相), 인상(人相), 중생상(衆生相), 수자상(壽者相)의 집착임을 알게 되기 때문이니라.

원문

是故, 不應取法、 不應取非法。
시 고 　 불 응 취 법 　 불 응 취 비 법

以是義故, 如來常說, 汝等比丘,
이 시 의 고 　 여 래 상 설 　 여 등 비 구

知我說法如筏喩者。
지 아 설 법 여 벌 유 자

法尙應捨, 何況非法!
법 상 응 사 　 하 황 비 법

의역

그러므로 마땅히 법(法)을 취하지도 말고 법(法)이 아닌 것도 취하지 말아야 하느니라. 그렇기에 나 여래가 늘 설(說)한 바와 같이 그대 비구들은 내 설법이 뗏목과 같은 것임을 알아야 하느니라. 어떤 법(法)이든 뗏목처럼 결국에는 놓아야 하거늘 하물며 법(法)이 아닌 것은 더 말해 무엇하겠느냐!

금강심경 제6 사구게

如來滅後後五百歲, 有持戒修福者,
여래멸후후오백세   유지계수복자

得聞如是言說章句, 能生信心。
득문여시언설장구   능생신심

의역

여래가 열반하고 나서 5백년이 지난 뒤에도 계(戒)를 지키고 복덕을 닦는 이는 이와 같은 말과 글귀에도 능히 신심(信心)을 내게 될 것이니라.

제 7 장

無 得 無 說
무 득 무 설

●

얻을 법法도 설說할 법法도 없다

제7장 無得無說 무득무설

원문

須菩提! 於意云何, 如來、
수 보 리　　어 의 운 하　　여 래

得阿耨多羅三藐三菩提耶?
득 아 뇩 다 라 삼 먁 삼 보 리 야

如來、有所說法耶?
여 래　　유 소 설 법 야

의역

수보리여! 그대 생각에 나 여래가 아뇩다라삼먁삼
보리를 얻었느냐? 나 여래가 법을 설(說)한 바가 있
더냐?

원문

須菩提言; 如我解佛所說義,
수 보 리 언　　여 아 해 불 소 설 의

無有定法, 名阿耨多羅三藐三菩提,
무 유 정 법　　명 아 뇩 다 라 삼 막 삼 보 리

亦無有定法, 如來可說。
역 무 유 정 법　　여 래 가 설

의역

수보리가 아뢰기를 제가 이해한 바로는 아뇩다라삼
막삼보리라 할 만한 법(法)은 없으며, 마찬가지로
여래께서 설(說)하실 만한 법(法)도 없습니다.

원문

何以故, 如來所說法, 皆不可取,
하 이 고　　여 래 소 설 법　　개 불 가 취

不可說, 非法、非非法。
불 가 설　　비 법　　비 비 법

의역

왜냐하면, 여래께서 말씀하신 법(法)은 모두 취할 수도 설(說)할 수도 없는 것들이오니, 법(法)을 초월하고 법(法)이 아닌 것도 초월한 것이기 때문입니다.

원문

所以者何, 一切賢聖,
소 이 자 하   일 체 현 성,

皆以無爲法, 而有差別。
개 이 무 위 법   이 유 차 별

의역

왜냐하면, 아라한 4과에서 말하는 일체의 현인(賢人)과 성인(聖人)들은 모두 무위법(無爲法)으로써 범부(凡夫)들과 다르기 때문입니다.

금강심경 제 7 사구게

無有定法, 名阿耨多羅三藐三菩提,
무유정법   명아뇩다라삼먁삼보리

亦無有定法, 如來可說。
역무유정법   여래가설

의역

아뇩다라삼먁삼보리라 할 만한 법(法)은 없으며, 마
찬가지로 여래께서 설(說)하실 만한 법(法)도 없습
니다.

제 8 장

依法出生
의 법 출 생

◉

법法에 따라 태어나다

제8장 **依法出生** 의법출생

원문

須菩提！ 於意云何,
수보리 어의운하

若人滿三千大千世界七寶,
약인만삼천대천세계칠보

以用布施, 是人所得福德寧爲多不?
이용보시 시인소득복덕영위다부

의역

수보리여! 그대 생각에 만약 어떤 사람이 삼천대천
세계에 가득찬 칠보로 보시를 한다면 얼마나 많은
복덕을 얻겠느냐?

원문

須菩提言; 甚多、 世尊!
수 보 리 언　　심 다　　세 존

何以故, 是福德, 卽非福德性,
하 이 고　　시 복 덕　　즉 비 복 덕 성

是故, 如來說、 福德多。
시 고　　여 래 설　　복 덕 다

의역

수보리가 아뢰기를 아주 많습니다, 세존이시여! 왜
냐하면, 이 복덕은 곧 복덕을 초월하는 것이기 때문
에 여래께서 복덕이 많다고 설(說)하신 것입니다.

원문

若復有人, 於此經中, 受持、 乃至、
약 부 유 인　　어 차 경 중　　수 지　　내 지

四句偈等, 爲他人說, 其福勝彼。
사 구 게 등　　위 타 인 설　　기 복 승 피

의역

또 만약 어떤 사람이 이 경(經)에 있는 사구게(四句偈)의 한 게송(一偈頌)만이라도 받아 지니고 남을 위해 설법한다면 그 복덕이 칠보로 보시하여 얻는 복덕보다 더 클 것이니라.

원문

何以故, 須菩提! 一切諸佛、 及諸佛,
하이고   수보리   일체제불   급제불

阿耨多羅三藐三菩提法,
아뇩다라삼먁삼보리법

皆從此經出。
개종차경출

須菩提! 所謂佛法者, 卽非佛法。
수보리   소위불법자   즉비불법

의역

왜냐하면, 수보리여! 모든 부처님과 일체의 부처님

의 아뇩다라삼먁삼보리법이 모두 이 경(經)에서 나온 것이기 때문이니라. 수보리여! 이른바 불법(佛法)이라 함은 불법(佛法)을 초월한 것이니라.

금강심경 제8 사구게

若有人於此經中, 受持乃至四句偈等,
약 유 인 어 차 경 중   수 지 내 지 사 구 게 등

爲他人說, 其福勝七寶布施。
위 타 인 설   기 복 승 칠 보 보 시

의역

만약 어떤 사람이 이 경(經)에 있는 사구게(四句偈)의 한 게송(一偈頌)만이라도 받아 지니고 남을 위해 설법한다면 그 복덕이 칠보로 보시하여 얻는 복덕보다 더 클 것이니라.

제 9 장

一 相 無 相
일 상 무 상

◉

다른 상相이 없어야 유일한 상相이다

제9장 一相無相 일상무상

원문

> 須菩提! 於意云何, 須陀洹、
> 수보리　어의운하　수다원
>
> 能作是念, 我得須陀洹果不?
> 능작시념　아득수다원과부

의역

수보리여! 그대 생각에 수다원(須陀洹)이 스스로 '내가 능히 수다원과(須陀洹果)를 얻었다'라고 하면 되겠느냐?

원문

須菩提言; 不也、 世尊! 何以故,
수보리언　　불야　　세존　　하이고

須陀洹、 名爲入流而無所入,
수다원　　명위입류이무소입

不入色聲香味觸法, 是名須陀洹。
불입색성향미촉법　　시명수다원

의역

수보리가 아뢰기를 아닙니다, 세존이시여! 왜냐하
면, 수다원은 성인의 반열에 처음 들었다는 이름인
데 실은 완전한 성인의 반열에 들어간 것이 아니고,
색성향미촉법(色聲香味觸法)의 번뇌에 들지 않은
것을 일컫는 이름일 뿐이기 때문입니다.

원문

須菩提! 於意云何, 斯陀含、
수보리　　어의운하　　사다함

能作是念, 我得斯陀含果不?
능 작 시 념   아 득 사 다 함 과 부

의역

수보리여! 그대 생각에 사다함(斯陀含)이 스스로
'내가 능히 사다함과(斯陀含果)를 얻었다'라고 하
면 되겠느냐?

원문

須菩提言; 不也、世尊! 何以故,
수 보 리 언   불 야   세 존   하 이 고

斯陀含、 名一往來而實無往來,
사 다 함   명 일 왕 래 이 실 무 왕 래

是名斯陀含。
시 명 사 다 함

의역

수보리가 아뢰기를 아닙니다, 세존이시여! 사다함

(斯陀含)은 한번 왕래하는 것에 지나지 않아 실은 왕래가 없다는 뜻이므로 그 이름을 사다함이라 한 것뿐이기 때문입니다.

원문

須菩提! 於意云何, 阿那含、
수보리　어의운하　아나함

能作是念, 我得阿那含果不?
능작시념　아득아나함과부

의역

수보리여! 그대 생각에 아나함(阿那含)이 스스로 '내가 능히 아나함과(阿那含果)를 얻었다'라고 하면 되겠느냐?

원문

須菩提言; 不也、世尊! 何以故,
수보리언　불야　세존　하이고

阿那含、 名爲不來而實無不來,
아 나 함　　　　명 위 불 래 이 실 무 불 래

是故, 名阿那含。
시 고　　　명 아 나 함

의역

수보리가 아뢰기를 아닙니다, 세존이시여! 왜냐하
면, 아나함(阿那含)은 다시 오지 않는다는 뜻이지만
실은 다시 오지 않는다는 것을 생각하지 않으므로
그 이름을 아나함이라 한 것뿐이기 때문입니다.

원문

須菩提! 於意云何, 阿羅漢、
수 보 리　　어 의 운 하　　아 라 한

能作是念, 我得阿羅漢道不?
능 작 시 념　　아 득 아 라 한 도 부

의역

수보리여! 그대 생각에 아라한(阿羅漢)이 스스로
'내가 능히 아라한의 도(道)를 얻었다'라고 하면 되
겠느냐?

원문

> 須菩提言; 不也、世尊! 何以故,
> 수보리언   불야   세존   하이고
>
> 實無有法, 名阿羅漢。
> 실무유법   명아라한
>
> 世尊! 若阿羅漢, 作是念,
> 세존   약아라한   작시념
>
> 我得阿羅漢道、即爲着我人衆生壽者。
> 아득아라한도   즉위착아인중생수자

의역

수보리가 아뢰기를 아닙니다, 세존이시여! 왜냐하
면, 실무유법(實無有法, 아뇩다라삼먁삼보리에 이

르렀다고 할만한 법이 없다는 것)을 아는 이를 아라한(阿羅漢)이라 한 것뿐이기 때문입니다. 세존이시여! 만약 어떤 아라한이 '내가 능히 아라한의 도(道)를 얻었다' 라고 한다면 이는 곧 아상(我相), 인상(人相), 중생상(衆生相), 수자상(壽者相)의 집착에 빠져있는 것입니다.

원문

世尊! 佛說我得無諍三昧人中,
세존   불설아득무쟁삼매인중

最爲第一, 是第一離欲阿羅漢。
최위제일   시제일이욕아라한

世尊! 我不作是念, 我是離欲阿羅漢。
세존   아부작시념   아시이욕아라한

의역

세존이시여! 부처님께서 무정삼매(無諍三昧, 번뇌가 없이 마음의 통일을 이른 상태)를 얻은 이 가운데 제일 으뜸은 첫째로 탐욕에서 벗어난 아라한(阿羅漢)이라고 설(說)하셨습니다. 세존이시여! 제 생각에 저는 탐욕에서 벗어난 아라한이 아닙니다.

원문

世尊！我若作是念，我得阿羅漢道，
세존 아약작시념 아득아라한도

世尊、卽不說須菩提，是樂阿蘭那行者。
세존 즉불설수보리 시요아란나행자

以須菩提，實無所行，而名須菩提，
이수보리 실무소행 이명수보리

是樂阿蘭那行。
시요아란나행

의역

세존이시여! 만약 제가 '제가 아라한(阿羅漢)의 도(道)를 얻었습니다'라고 한다면 세존께서는 곧바로 '수보리는 마음속에 아란나행(阿蘭那行, 번뇌가 없는 삶)을 즐기는 자' 라고 말씀하시지 않았을 것입니다. 제(수보리)가 실은 그런 생각이 없기 때문에 아란나행을 즐기는 사람이라고 말씀하시는 것입니다.

금강심경 제 9 사구게

阿羅漢四果, 名爲入流,
아 라 한 4 과　　명 위 입 류

而無所入, 是名阿羅漢四果。
이 무 소 입　시 명 아 라 한 4 과

의역

아라한4과(阿羅漢四果)는 성인(聖人)의 반열에 들었다는 이름인데 실은 성인의 반열에 들어간 것이 아니고, 그 이름을 아라한4과라 한 것뿐입니다.

莊 嚴 淨 土
장 엄 정 토

●

불국토佛國土는 장엄하고 청정하다

제10장 莊嚴淨土 장엄정토

원문

佛告; 須菩提! 於意云何, 如來、
불고　수보리　어의운하　여래

昔在燃燈佛所, 於法有所得不?
석재연등불소　어법유소득부?

의역

부처님께서 말씀하시기를 수보리여! 그대 생각에 여래가 옛적에 연등불(燃燈佛)의 처소에 있을 때 어떤 깨달음을 얻은 바가 있느냐?

원문

不也、世尊！如來在燃燈佛所，
불 야 　 세 존 　 여 래 재 연 등 불 소

於法實無所得。
어 법 실 무 소 득

의역

아니옵니다, 세존이시여! 여래께서 연등불(燃燈佛)
의 처소에 계실 때 실제로 어떤 깨달음을 얻은 바가
없습니다.

원문

須菩提！於意云何，菩薩莊嚴佛國土不？
수 보 리 　 어 의 운 하 　 보 살 장 엄 불 국 토 부

의역

수보리여! 그대 생각에 보살의 불국토(佛國土)가 장
엄하느냐？

不也、 世尊! 何以故， 莊嚴佛國土者、
불 야　　세 존　　하 이 고　　장 엄 불 국 토 자

即非莊嚴， 是名莊嚴。
즉 비 장 엄　　시 명 장 엄

의역

아니옵니다, 세존이시여! 왜냐하면, 장엄한 불국토
(佛國土)라는 것은 장엄함을 초월한 것인 즉 그 이
름을 장엄이라 한 것뿐이기 때문입니다.

원문

是故， 須菩提! 諸菩薩摩訶薩，
시 고　　수 보 리　　제 보 살 마 하 살

應如是生淸淨心。
응 여 시 생 청 정 심

不應住色生心， 不應住聲香味觸法生心，
불 응 주 색 생 심　　불 응 주 성 향 미 촉 법 생 심

應無所住, 而生其心。
응 무 소 주 이 생 기 심

의역

그러므로 수보리여! 모든 보살마하살(큰 보살)은 마땅히 이와 같이 청정심을 내어야 하느니라. 마땅히 색(色)에 집착하는 마음을 내지 말고, 마땅히 성향미촉법(聲香味觸法)에 집착하는 마음을 내지 말아야 하느니, 마땅히 머무름(집착)이 없는 마음을 내어야 하느니라.

원문

須菩提! 譬如有人, 身如須彌山王,
수 보 리 비 여 유 인 신 여 수 미 산 왕

於意云何, 是身爲大不?
어 의 운 하 시 신 위 대 부

수보리여! 비유컨데 만일 어떤 사람의 육신이 큰 수미산(須彌山)만 하다면 그 육신이 크다고 하겠느냐?

원문

須菩提言；　甚大、　世尊!　何以故，
수 보 리 언　　심 대　　세 존　　하 이 고

佛說非身，　是名大身。
불 설 비 신　　시 명 대 신

의역

수보리가 아뢰기를 아주 큽니다, 세존이시여! 왜냐하면, 부처님께서 설(說)하신 바 육신을 초월한 것의 이름을 큰 육신이라 한 것뿐이기 때문입니다.

금강심경 제 10 사구게

應如是生淸淨心, 不應住色生心,
응여시생청정심   불응주색생심

不應住聲香味觸法生心,
불응주성향미촉법생심

應無所住而生其心。
응무소주이생기심

의역

마땅히 이와 같이 청정심을 내어야 하고, 마땅히 색
(色)에 집착하는 마음을 내지 말고, 마땅히 성향미
촉법(聲香味觸法)에 집착하는 마음을 내지 말아야
하느니, 마땅히 머무름(집착)이 없는 마음을 내어야
하느니라.

제 11 장

無爲福勝
무 위 복 승

●

무위無爲의 복덕이 가장 크다

제11장 **無爲福勝** 무위복승

원문

須菩提! 如恒河中所有沙數,
수 보 리 여 항 하 중 소 유 사 수

如是沙等恒河, 於意云何,
여 시 사 등 항 하 어 의 운 하

是諸恒河沙 寧爲多不?
시 제 항 하 사 영 위 다 부

의역

수보리여! 갠지스 강에 있는 모래 수만큼이나 많은 갠지스 강이 있다면 그대 생각에 그 모든 갠지스 강에 있는 모래가 얼마나 많겠느냐?

110 서른두개의 사구게 금강심경

원문

須菩提言; 甚多、 世尊! 但諸恒河,
수보리언　심다　세존　단제항하

尙多無數, 何況其沙?
상다무수　하황기사

의역

수보리가 아뢰기를 아주 많습니다, 세존이시여! 모든 갠지스 강의 수만 하여도 무수히 많은데 하물며 그 가운데 있는 모래는 얼마나 많겠습니까?

원문

須菩提! 我今實言告汝, 若有善男子、
수보리　아금실언고여　약유선남자

善女人、 以七寶滿爾所恒河沙數,
선여인　이칠보만이소항하사수

三千大千世界, 以用布施, 得福多不?
삼천대천세계　이용보시　득복다부

수보리여! 내가 지금 진실된 말로 이르노니, 만약 남녀 가릴 것 없이 저 갠지스 강에 있는 모래 수만큼이나 많은 칠보로 삼천대천세계에 가득 채워서 보시를 한다면 얼마나 많은 복덕을 얻겠느냐?

원문

須菩提言; 甚多、 世尊! 佛告;
수 보 리 언   심 다   세 존   불 고

須菩提! 若善男子、 善女人、 於此經中、
수 보 리   약 선 남 자   선 여 인   어 차 경 중

乃至、 受持四句偈等, 爲他人說,
내 지   수 지 사 구 게 등   위 타 인 설

而此福德, 勝前福德。
이 차 복 덕   승 전 복 덕

의역

수보리가 아뢰기를 아주 많습니다, 세존이시여! 부

처님께서 말씀하시기를 수보리여! 남녀 가릴 것 없이 이 경(經) 가운데 사구게(四句偈)의 한게송(一偈頌)만이라도 받아 지니고 남을 위해 설법해 준다면 그 복덕이 앞의 칠보로 보시하는 복덕보다 더 크느니라.

금강심경 제11 사구게

於此經中, 乃至受持四句偈等,
어 차 경 중   내 지 수 지 사 구 게 등

爲他人說而此福德, 勝七寶布施福德。
위 타 인 설 이 차 복 덕   승 칠 보 보 시 복 덕

의역

이 경(經) 가운데 사구게(四句偈)의 한 게송(一偈頌)만이라도 받아 지니고 남을 위해 설법해 준다면 그 복덕이 칠보로 보시하는 복덕보다 더 크느니라.

尊 重 正 敎
존 중 정 교

●

올바른 가르침을 존중하라

제12장 尊重正敎 존중정교

원문

復次, 須菩提! 隨說是經、 乃至、
부차 수보리 수설시경 내지

四句偈等, 當知此處。
사구게등 당지차처

一切世間、 天人阿修羅, 皆應供養,
일체세간 천인아수라 개응공양

如佛塔廟, 何況有人, 盡能受持讀誦?
여불탑묘 하황유인 진능수지독송

의역

다시 말하거니와 수보리여! 이 경에 있는 사구게(四句偈)의 한 게송(一偈頌)만이라도 마땅히 알지니라. 천상, 인간, 아수라의 모든 세간에서 마땅히 부처님의 탑묘처럼 공양할 것이니, 하물며 어떤 사람

이 이 경(經)을 수지독송(受持讀誦)하여 능히 잘 안
다면 더 말할 것이 있겠느냐?

원문

須菩提! 當知是人,
수 보 리　　당 지 시 인

成就最上第一希有之法。
성 취 최 상 제 일 희 유 지 법

의역

수보리여! 이런 사람은 최상 제일의 희유(希有, 매우
진귀함)한 법(法)을 성취한 것임을 마땅히 알아야 하
느니라.

원문

若是經典所在之處、 即爲有佛,
약 시 경 전 소 재 지 처　　즉 위 유 불

若尊重弟子。
약 존 중 제 자

의역

만약 어떤 곳에 이 경(經)이 있다면 곧 부처님이 있는 것과 같고, 존경받는 부처님의 제자가 있는 것과 같으니라.

금강심경 제12 사구게

隨說是經乃至四句偈等, 當知此處,
수 설 시 경 내 지 사 구 게 등   당 지 차 처

一切世間天人阿修羅,
일 체 세 간 천 인 아 수 라

皆應供養如佛塔廟。
개 응 공 양 여 불 탑 묘

의역

이 경(經)에 있는 사구게(四句偈)의 한 게송만이라

도 마땅히 알지니, 천상, 인간, 아수라의 모든 세간
에서 마땅히 부처님의 탑묘처럼 공양할 것이니라.

제 13 장

如 法 受 持
여 법 수 지

◉

법法대로 받아 지녀라

제13장 **如法受持** 여법수지

원문

爾時, 須菩提白佛言;
이시　수보리백불언

世尊! 當何名此經, 我等云何奉持?
세존　당하명차경　아등운하봉지

의역

그 때 수보리가 부처님께 아뢰기를 세존이시여! 마
땅히 이 경(經)을 무어라 부르며, 저희들이 어떻게
받들어 지녀야 하겠나이까?

원문

佛告; 須菩提! 是經、
불고　수보리!　시경

名爲金剛般若波羅蜜多,
명위금강반야바라밀다

以是名字, 汝當奉持。
이시명자　여당봉지

의역

부처님께서 말씀하시기를 수보리여! 이 경(經)의 이름은 금강반야바라밀다이니 그대들은 마땅히 받들어 지녀야 하느니라.

원문

所以者何, 須菩提!
소이자하　수보리!

如來說般若波羅蜜多、
여래설반야바라밀다

即非般若波羅蜜多, 是名般若波羅蜜多。
즉비반야바라밀다   시명반야바라밀다

의역

왜냐하면, 수보리여! 나 여래가 설(說)한 바 반야바
라밀다란 곧 반야바라밀다를 초월한 것으로 그 이
름을 반야바라밀다라 한 것뿐이니라.

원문

須菩提! 於意云何, 如來有所說法不?
수보리   어의운하   여래유소설법부

須菩提白佛言; 世尊!
수보리백불언   세존

如來無所說。
여래무소설

의역

수보리여! 그대 생각에 여래가 어떤 법(法)을 설(說)

한 바가 있느냐? 수보리가 부처님께 아뢰기를 세존이시여! 여래께서는 설(說)하신 바가 없습니다.

원문

須菩提! 於意云何, 三千大千世界,
수 보 리   어 의 운 하   삼 천 대 천 세 계

所有微塵, 是爲多不?
소 유 미 진   시 위 다 부

의역

수보리여! 그대 생각에 삼천대천세계에 있는 미세 티끌의 수가 많다고 하겠느냐?

원문

須菩提言; 甚多、 世尊! 須菩提!
수 보 리 언   심 다   세 존   수 보 리

諸微塵、　如來說、　非微塵, 是名微塵,
제미진　　여래설　　비미진　시명미진

如來說、　世界、　非世界、　是名世界。
여래설　　세계　　비세계　　시명세계

의역

수보리가 아뢰기를 아주 많습니다, 세존이시여! 수보리여! 이 모든 미세 티끌을 여래는 미세 티끌이라고 설(說)하는 것이 아니라 그 이름을 미세 티끌이라고 한 것뿐이고, 여래가 설(說)하는 세계는 세계를 초월한 것으로 그 이름을 세계라고 한 것뿐이니라.

원문

須菩提!　於意云何,　可以三十二相,
수보리　　어의운하　　가이삼십이상

見如來不?
견여래부

不也、世尊!
불야 세존

不可以三十二相得見如來。
불가이삼십이상득견여래

의역

수보리여! 그대 생각에 가히 32상(三十二相)으로 여래를 볼 수 있겠느냐? 아니옵니다, 세존이시여! 32상(三十二相)으로 여래를 뵐 수가 없습니다.

원문

何以故, 如來說、三十二相、
하이고 여래설 삼십이상

即是非相, 是名三十二相。
즉시비상 시명삼십이상

의역

왜냐하면, 여래께서 설(說)하신 바 32상(三十二相)

이란 곧 상(相)을 초월하는 것으로서 그 이름을 32
상(三十二相)이라 한 것뿐이기 때문입니다.

원문

須菩提! 若有善男子、 善女人、
수보리　　약유선남자　　선여인

以恒河沙等身命布施, 若復有人,
이항하사등신명보시　　약부유인

於此經中、 乃至、 受持四句偈等,
어차경중　　내지　　수지사구게등

爲他人說, 其福甚多。
위타인설　　기복심다

의역

수보리여! 만약 남녀 가릴 것 없이 갠지스 강의 모
래 수만큼이나 신명을 바쳐 보시한 사람이 있다면
이 사람의 복덕보다 이 경(經)에 있는 사구게(四句
偈)의 한 게송(一偈頌)만이라도 받아 지니고 남을

위해 설법한 사람의 복덕이 심히 더 크니라.

금강심경 제13 사구게

以恒河沙等身命布施,　於此經中,
이 항 하 사 등 신 명 보 시　　어 차 경 중

乃至受持四句偈等,　爲他人說其福甚多。
내 지 수 지 사 구 게 등　　위 타 인 설 기 복 심 다

의역

갠지스 강에 있는 모래 수만큼이나 신명을 바쳐 보
시하는 복덕보다 이 경(經)에 있는 사구게(四句偈)
의 한 게송(一偈頌)만이라도 받아 지니고 남을 위해
설법한 복덕이 심히 더 크니라.

제 14 장

離 相 寂 滅
이 상 적 멸

◉

상相을 버려야 해탈할 수 있다

제14장 **離相寂滅** 이상적멸

원문

爾時, 須菩提、 聞說是經, 深解義趣,
이 시 수 보 리   문 설 시 경   심 해 의 취

涕淚悲泣, 而白佛言; 希有世尊!
체 루 비 읍   이 백 불 언   희 유 세 존

의역

그 때 수보리가 이 경(經)의 설법을 듣고, 그 뜻을 깊이 이해하여 감동의 눈물을 흘리며 부처님께 아뢰기를 희유(希有, 매우 진귀함)하신 세존이시여!

원문

如來說、 如是甚深經典, 我從昔來,
여래설　　여시심심경전　아종석래

所得慧眼, 未曾得聞, 如是之經。
소득혜안　미증득문　여시지경

의역

여래께서 이처럼 심오한 경(經)을 설(說)하시니, 제가 옛적부터 나름대로 닦아 얻은 지혜의 눈으로도 일찍이 들어보지 못한 경(經)이 옵니다.

원문

世尊! 若復有人、 得聞是經,
세존　약부유인　　득문시경

信心淸淨、 卽生實相, 當知是人,
신심청정　　즉생실상　당지시인

成就第一希有功德。
성취제일희유공덕

의역

세존이시여! 또 만약 어떤 사람이 이 경(經)을 듣고 신심이 청정하면 곧 모든 것의 참모습이 생겨날 것이오니, 이 사람은 마땅히 제일의 희유(希有, 매우 진귀함)한 공덕을 성취하게 될 것임을 알게 될 것입니다.

원문

世尊! 是實相者、 卽是非相,
세 존   시 실 상 자   즉 시 비 상

是故, 如來說名實相。
시 고   여 래 설 명 실 상

의역

세존이시여! 이 모든 것의 참다운 상(相)이라 함은 곧 상(相)을 초월한 것이므로 여래께서 이름하여 실상(實相)이라 설(說)하셨나이다.

원문

世尊! 我今得聞如是經典, 信解受持,
세존 아금득문여시경전 신해수지

不足爲難, 若當來世, 後五百歲,
부족위난 약당래세 후오백세

其有衆生, 得聞是經, 信解受持,
기유중생 득문시경 신해수지

是人、卽爲第一希有。
시인 즉위제일희유

의역

세존이시여! 제가 지금 이와 같은 경전을 듣고 나서
받아 지니고 이해하고 믿는 것은 어렵지 않으나, 만
약 5백년 뒤의 다가오는 세계에 어떤 중생이 이 경
(經)을 듣고 얻어서 받아 지니고 이해하고 믿는다면
이 사람이야 말로 참으로 제일의 희유(希有, 매우
진귀함)한 사람일 것입니다.

원문

何以故, 此人、 無我相、 無人相、
하이고　　차인　　무아상　　무인상

無衆生相、 無壽者相、 所以者何?
무중생상　　무수자상　　소이자하

我相、 卽是非相、 人相、
아상　　즉시비상　　인상

衆生相、 壽者相、 卽是非相。
중생상　　수자상　　즉시비상

의역

왜냐하면, 이 사람은 아상(我相)도 없고, 인상(人相)도 없고, 중생상(衆生相)도 없고, 수자상(壽者相)도 없으니 이보다 더한 사람이 있겠습니까? 아상(我相)은 곧 상(相)을 초월한 것이며, 인상(人相), 중생상(衆生相), 수자상(壽者相)도 곧 상(相)을 초월한 것입니다.

원문

何以故, 離一切諸相, 卽名諸佛。
하 이 고　　이 일 체 제 상　　즉 명 제 불

의역

왜냐하면, 일체의 상(相)으로부터 벗어나면 곧 이름
하여 모두 부처라고 하기 때문입니다.

원문

佛告; 須菩提! 如是如是。
불 고　　수 보 리　　여 시 여 시

의역

부처님께서 말씀하시기를 수보리여! 그러하다, 그
러하다.

若復有人, 得聞是經, 不驚、不怖、
약 부 유 인　　득 문 시 경　　불 경　　　불 포

不畏、當知是人, 甚爲希有。
불 외　　당 지 시 인　심 위 희 유

의역

또 만약 어떤 사람이 이 경(經)을 듣고 놀라지 않고
겁내지 않으며 두려워하지 않는다면 이 사람은 참
으로 희유(希有, 매우 진귀함)한 사람이니 이를 마
땅히 알아야 하느니라.

원문

何以故, 須菩提!
하 이 고　　수 보 리

如來說、第一波羅蜜多,
여 래 설　　제 일 바 라 밀 다

即非第一波羅蜜多, 是名第一波羅蜜多。
즉 비 제 일 바 라 밀 다   시 명 제 일 바 라 밀 다

의역

왜냐하면, 수보리여! 여래가 설(說)한 바 제일의 바라밀다란 곧 제일의 바라밀다를 초월한 것인 즉 그 이름을 제일의 바라밀다라 한 것뿐이기 때문이니라.

원문

須菩提! 忍辱波羅蜜多, 如來說、
수 보 리   인 욕 바 라 밀 다   여 래 설

非忍辱波羅蜜多, 是名忍辱波羅密多。
비 인 욕 바 라 밀 다   시 명 인 욕 바 라 밀 다

의역

수보리여! 나 여래가 설(說)한 바 인욕바라밀다도 인욕바라밀다를 초월한 것이니 그 이름을 인욕바라밀다라 한 것뿐이니라.

원문

何以故, 須菩提! 如我昔爲歌利王,
하 이 고 수 보 리 여 아 석 위 가 리 왕

割截身體, 我於爾時, 無我相、
할 절 신 체 아 어 이 시 무 아 상

無人相、 無衆生相、 無壽者相。
무 인 상 무 중 생 상 무 수 자 상

의역

왜냐하면, 수보리여! 내가 옛적에 가리왕 때문에 신체에 해를 입었을 때 아상(我相)도 없었고, 인상(人相)도 없었고, 중생상(衆生相)도 없었고, 수자상(壽者相)도 없었기 때문이니라.

원문

何以故, 我於往昔節節支解時,
하 이 고 아 어 왕 석 절 절 지 해 시

若有我相、 人相、 衆生相、
약 유 아 상 인 상 중 생 상

壽者相、 應生瞋恨。
수 자 상　　응 생 진 한

의역

왜냐하면, 내가 옛적에 마디마디 사지가 찢기고 끊기었을 때 만약 나에게 아상(我相), 인상(人相), 중생상(衆生相), 수자상(壽者相)이 있었다면 응당 화내고 원망하는 마음을 내었을 것이기 때문이니라.

원문

須菩提! 又念過去於五百世,
수보리　우념과거어오백세

作忍辱仙人, 於爾所世, 無我相、
작인욕선인　어이소세　무아상

無人相、 無衆生相、 無壽者相。
무인상　무중생상　무수자상

의역

수보리여! 또 여래가 과거에 5백년 동안 인욕선인
(忍辱仙人)이 되었을 때를 생각하니 저 세상에서도
아상(我相)이 없었고, 인상(人相)이 없었고, 중생상
(衆生相)이 없었고, 수자상(壽者相)이 없었느니라.

원문

是故, 須菩提! 菩薩應離一切相,
시고　수보리　보살응리일체상

發阿耨多羅三藐三菩提心,
발아뇩다라삼먁삼보리심

不應住色生心, 不應住聲香味觸法生心,
불응주색생심　불응주성향미촉법생심

應生無所住心。
응생무소주심

의역

그러므로 수보리여! 보살은 마땅히 일체의 상(相)에

서 벗어나서 아뇩다라삼먁삼보리심을 내어 마땅히 상(相)을 마음에 머무르게 하지 말고, 마땅히 성향미촉법(聲香味觸法)을 마음에 머무르게 하지 말고, 마땅히 머무는 바 없는 마음을 내어야 하느니라.

원문

若心有住, 卽爲非住, 是故, 如來說、
약 심 유 주　즉 위 비 주　시 고　여 래 설

菩薩、 心不應住色布施。
보 살　심 불 응 주 색 보 시

의역

만약 마음에 머묾이 있어도 머무는 것이 아니므로 나 여래가 설(說)하는 바 보살은 마땅히 생색을 내지 말고 보시를 해야 하느니라.

원문

須菩提! 菩薩爲利益, 一切衆生,
수보리　　보살위이익　　일체중생

應如是布施, 如來說、一切諸相、
응여시보시　　여래설　　일체제상

卽是非相, 又說一切衆生、卽非衆生。
즉시비상　　우설일체중생　　즉비중생

의역

수보리여! 보살은 일체중생을 이롭게 하기 위해 마
땅히 이처럼 보시해야 하느니, 여래가 설(說)한 바
일체의 상(相)도 곧 상(相)을 초월한 것인 즉, 또 일
체중생을 설(說)한 것도 곧 중생을 초월한 것이니라.

원문

須菩提! 如來、是眞語者、實語者、
수보리　　여래　　시진어자　　실어자

如語者、不狂語者、不異語者。
여어자　　불광어자　　불이어자

의역

수보리여! 나 여래는 진어자(眞語者, 진실된 말을 하는 자)이며, 실어자(實語者, 실제적인 말을 하는 자)이며, 여어자(如語者, 좋아하는 말을 하는 자)이며, 불광어자(不狂語者, 미친말을 하지 않는 자)이며, 불이어자(不異語者, 다른 말을 하지 않는 자)이니라.

원문

須菩提! 如來所得法, 此法, 無實無虛。
수보리 여래소득법 차법 무실무허

의역

수보리여! 나 여래가 법(法)을 얻었는 바, 이 법(法)은 실체도 없고 허상도 없느니라.

원문

須菩提！ 若菩薩心住於法，
수 보 리　　약 보 살 심 주 어 법

而行布施如人， 入闇即無所見，
이 행 보 시 여 인　　입 암 즉 무 소 견

若菩薩心不住法， 而行布施，
약 보 살 심 불 주 법　　이 행 보 시

如人有目， 日光明照， 見種種色。
여 인 유 목　　일 광 명 조　　견 종 종 색

의역

수보리여! 만약 보살이 생색을 내면서 보시하면, 이
보시는 마치 깜깜한 곳에서 아무것도 볼 수 없는 것
과 같고, 만약 보살이 생색을 내지 않고 보시하면 이
보시는 마치 햇빛으로 밝은 곳에서 갖가지 물체를
분별해 볼 수 있는 것과 같은 것이니라.

원문

須菩提! 當來之世，若有善男子、
수보리　　당래지세　　약유선남자

善女人、能於此經，受持讀誦、
선여인　　능어차경　　수지독송

即爲如來，以佛智慧，悉知是人，
즉위여래　　이불지혜　　실지시인

悉見是人，皆得成就，無量無邊功德。
실견시인　　개득성취　　무량무변공덕

의역

수보리여! 내세에서 남녀 가릴 것 없이 능히 이 경
(經)을 수지독송(受持讀誦)하면 곧 여래가 부처의
지혜로 이 사람들을 모두 다 보게 될 것이니 한없는
공덕을 성취하게 될 것이니라.

금강심경 제14 사구게

能於此經受持讀誦, 即爲如來以佛智慧,
능 어 차 경 수 지 독 송　즉 위 여 래 이 불 지 혜

悉知是人悉見是人,
실 지 시 인 실 견 시 인

皆得成就無量無邊功德。
개 득 성 취 무 량 무 변 공 덕

의역

능히 이 경(經)을 수지독송(受持讀誦)하면 곧 여래
가 부처의 지혜로 이 사람들을 모두 다 보게 될 것
이니 한없는 공덕을 성취하게 될 것이니라.

持 經 功 德
지 경 공 덕

◉

이 경經을 지니면 공덕을 얻을 수 있다

제15장 持經功德 지경공덕

원문

須菩提! 若有善男子、善女人、初日分,
수보리 약유선남자 선여인 초일분

以恒河沙等身布施, 中日分,
이항하사등신보시 중일분

復以恒河沙等身布施, 後日分,
부이항하사등신보시 후일분

亦以恒河沙等身布施,
역이항하사등신보시

如是無量百千萬億劫, 以身布施,
여시무량백천만억겁 이신보시

의역

수보리여! 만약 남녀 가릴 것 없이 오전에 갠지스 강
에 있는 모래 수만큼의 육신으로 보시하고, 낮에 또
다시 갠지스 강에 있는 모래 만큼의 육신으로 보시

하며, 저녁에도 역시 갠지스 강에 있는 모래 수만큼
의 육신으로 보시하며, 이처럼 한량없는 백천만억
겁을 육신으로 보시하더라도,

원문

若復有人, 聞此經典, 信心不逆,
약 부 유 인   문 차 경 전   신 심 불 역

其福勝彼, 何況書寫受持讀誦,
기 복 승 피   하 황 서 사 수 지 독 송

爲他人說?
위 타 인 설

의역

만약 또 어떤 사람이 이 경(經)을 듣고 믿는 마음이
거스르지 아니하면, 이 복덕이 앞의 육신으로 보시
하는 것보다 더 크나니, 하물며 이 경(經)을 복사하
여 수지독송(受持讀誦)하여 남을 위해 설법해 주는
것이 어찌 좋다고 하지 않겠느냐?

원문

須菩提! 以要言之, 是經,
수보리 이요언지 시경

有不可思議、不可稱量、無邊功德,
유 불 가 사 의 불 가 칭 량 무 변 공 덕

如來、爲發大乘者說,
여 래 위 발 대 승 자 설

爲發最上乘者說。
위 발 최 상 승 자 설

의역

수보리여! 요점을 말하자면 이 경(經)은 불가사의하
고 헤아릴 수도 없이 아주 한없는 공덕이 있나니, 여
래가 대승(大乘)의 마음을 낸 이를 위해 설(說)한 것
이며, 최상승(最上乘)의 마음을 낸 이를 위해 설(說)
한 것이니라.

원문

若有人, 能受持讀誦, 廣爲他人說, 如來、
약유인 능수지독송 광위타인설 여래

悉知是人、 悉見是人, 皆得成就,
실지시인   실견시인   개득성취

不可量、 不可稱、 無有邊、
불가량   불가칭   무유변

不可思議功德。 如是人等、 卽爲荷擔,
불가사의공덕   여시인등   즉위하담

如來、 阿耨多羅三藐三菩提。
여래   아뇩다라삼먁삼보리

의역

만약 어떤 사람이 능히 이 경(經)을 수지독송(受持
讀誦)하여 남을 위해 널리 설법한다면 나 여래는 이
사람을 알고 이 사람을 모두 보나니, 이 사람은 헤
아릴 수 없고, 일컬을 수 없고, 변함이 없고, 불가사
의한 공덕을 성취하게 될 것이니라. 이러한 사람들
은 곧 여래의 아뇩다라삼먁삼보리를 얻게 될 것이
니라.

원문

何以故, 須菩提!
하 이 고   수 보 리

若樂小法者, 着我見、 人見、
약 요 소 법 자   착 아 인   인 견

衆生見、 壽者見、 卽於此經,
중 생 견   수 자 견   즉 어 차 경

不能聽受持讀誦, 爲他人說。
불 능 청 수 지 독 송   위 타 인 설

의역

왜냐하면, 수보리여! 만약 소승(小乘)의 법(法)을 좋
아하는 이는 아상(我相)의 견해, 인상(人相)의 견해,
중생상(衆生相)의 견해, 수자상(壽者相)의 견해에
집착하여 이 경(經)을 능히 수지독송(受持讀誦)하
여 남을 위해 능히 설법하지 못할 것이기 때문이니
라.

원문

須菩提! 在在處處, 若有此經,
수보리   재재처처   약유차경

一切世間、天人、阿修羅、所應供養,
일체세간   천인   아수라   소응공양

當知此處、卽爲是塔, 皆應恭敬,
당지차처   즉위시탑   개응공경

作禮圍繞, 以諸華香, 而散其處。
작례위요   이제화향   이산기처

의역

수보리여! 어디든 이 경(經)이 있는 곳에서는 천상,
인간, 아수라의 일체 세간에 마땅히 공양을 할 것이
니 반드시 이곳을 알아야 하느니, 곧 이 탑을 위해
모두가 마땅히 공경하고 절하며 에워싸고 돌면서
갖가지 꽃과 향을 그곳에 뿌릴 것이니라.

금강심경 제15 사구게

能受持讀誦廣爲他人說,
능 수 지 독 송 광 위 타 인 설

如來悉知是人悉見是人,
여 래 실 지 시 인 실 견 시 인

皆得成就不可思議功德,
개 득 성 취 불 가 사 의 공 덕

卽爲荷擔阿耨多羅三藐三菩提。
즉 위 하 담 아 녹 다 라 삼 막 삼 보 리

의역

능히 이 경(經)을 수지독송(受持讀誦)하여 남을 위
해 널리 설법한다면 나 여래는 이 사람을 알고 이 사
람을 모두 보나니, 이 사람은 불가사의한 공덕을 성
취하게 될 것인 즉 나 여래의 아뇩다라삼먁삼보리
를 얻게 될 것이니라.

제 16 장

能 淨 業 障
능 정 업 장

●

업장業障을 청정하게 하라

원문

> 復次, 須菩提! 善男子、 善女人、
> 부차　수보리　선남자　선여인
>
> 受持讀誦此經, 若爲他人輕賤, 是人,
> 수지독송차경　약위타인경천　시인
>
> 先世罪業, 應墮惡道, 以今世人,
> 선세죄업　응타악도　이금세인
>
> 輕賤故, 先世罪業、 卽爲消滅,
> 경천고　선세죄업　즉위소멸
>
> 當得阿耨多羅三藐三菩提。
> 당득아뇩다라삼먁삼보리

의역

다시 말하거니와 수보리여! 남녀 할 것 없이 이 경
(經)을 수지독송(受持讀誦)하게 되면 설사 남에게
업신여김을 당하더라도 전생의 죄업으로 마땅히 악

의 길에 떨어질 것이로되, 현생에 남에게서 업신여
김을 받음으로써 곧 전생의 죄업이 소멸되어 마땅
히 아뇩다라삼먁삼보리를 얻게 될 것이니라.

원문

須菩提!
수 보 리

我念過去無量阿僧祇劫，於燃燈佛前，
아 념 과 거 무 량 아 승 지 겁　　어 연 등 불 전

得值八百四千萬億那由他、　諸佛，
득 치 팔 백 사 천 만 억 나 유 타　　제 불

悉皆供養承事，無空過者。
실 개 공 양 승 사　　무 공 과 자

의역

수보리여! 내가 한량없는 아승지겁 전의 과거를 생
각해 보니 연등불(燃燈佛)을 뵙기 전에 팔백사천만
억 나유타 수의 모든 부처님을 만나 뵙고 공양하고

받들어 섬기고 헛되이 지냄이 없었느니라.

원문

若復有人，於後末世，
약 부 유 인　　어 후 말 세

能受持讀誦此經，所得功德，
능 수 지 독 송 차 경　　소 득 공 덕

於我所供養諸佛功德，百分不及一、
어 아 소 공 양 제 불 공 덕　　백 분 불 급 일

千萬億分乃至算數譬喻、所不能及。
천 만 억 분 내 지 산 수 비 유　　소 불 능 급

의역

또 만약 어떤 사람이 후세에 마땅히 이 경(經)을 수지독송(受持讀誦)한다면 큰 공덕을 얻게 될 것이니, 내가 저 모든 부처님께 공양한 공덕으로는 그 공덕의 백분의 일에도 미치지 못하고, 천만억분 내지 어떤 수학의 비유로도 도저히 미치지 못할 것이니라.

원문

須菩提! 若善男子、善女人、於後末世,
수보리 약선남자 선여인 어후말세

有受持讀誦此經, 所得功德, 我若具說者,
유수지독송차경 소득공덕 아약구설자

或有人聞, 心卽狂亂, 狐疑不信。
혹유인문 심즉광란 호의불신

의역

수보리여! 만약 남녀 가릴 것 없이 후세에 이 경(經)
을 수지독송(受持讀誦)하는 이가 얻는 공덕을 내가
자세히 말한다면 사람들은 놀라서 내 말을 믿지 못
할 것이니라.

원문

須菩提! 當知是經, 義不可思議,
수보리 당지시경 의불가사의

果報, 亦不可思議。
과보 역불가사의

의역

수보리여! 마땅히 알아야 할 것이니, 이 경(經)은 뜻도 불가사의하고, 그 과보 역시 불가사의할 것이니라.

금강심경 제16 사구게

當知是經,　義不可思議,
당 지 시 경　　의 불 가 사 의

所得功德,　亦不可思議。
소 득 공 덕　　역 불 가 사 의

의역

마땅히 알아야 할 것이니, 이 경(經)은 뜻도 불가사의하고, 얻는 공덕 역시 불가사의할 것이니라.

제 17 장

究 竟 無 我
구 경 무 아

◉

무아無我를 구경하라

제17장 **究竟無我** 구경무아

원문

> 爾時, 須菩提白佛言; 世尊, 善男子,
> 이 시 수보리백불언 세존 선남자
>
> 善女人, 發阿耨多羅三藐三菩提心,
> 선여인 발아뇩다라삼먁삼보리심
>
> 云何應住, 云何降伏其心?
> 운하응주 운하항복기심

의역

그 때 수보리가 부처님께 아뢰기를 세존이시여! 남
녀 가릴 것 없이 아뇩다라삼먁삼보리심을 낸 이가
그 마음을 마땅히 머물게 하고, 어떻게 다스릴 수 있
습니까?

원문

佛告; 須菩提! 若善男子, 善女人,
불 고 수 보 리 약 선 남 자 선 여 인

發阿耨多羅三藐三菩提心者,
발 아 뇩 다 라 삼 먁 삼 보 리 심 자

當生如是心, 我應滅度一切衆生。
당 생 여 시 심 아 응 멸 도 일 체 중 생

의역

부처님께서 말씀하시기를 수보리여! 만약 남녀 가
릴 것 없이 아뇩다라삼먁삼보리심을 낸 이는 마땅
히 이 마음처럼 낼 것이니, 나 여래가 마땅히 일체
중생들을 멸도(滅度)해 줄 것이니라.

원문

如來、 滅度一切衆生已,
여 래 멸 도 일 체 중 생 이

而無有一衆生, 實滅度者!
이 무 유 일 중 생 실 멸 도 자

의역

나 여래가 일체중생을 멸도(滅度)해 주려고 하나,
실은 어느 한 중생도 제대로 멸도한 자가 없구나!

원문

何以故, 須菩提! 若菩薩、有我相,
하 이 고　　수 보 리　　약 보 살　　유 아 상

人相, 衆生相, 壽者相, 卽非菩薩。
인 상　중 생 상　수 자 상　즉 비 보 살

所以者何, 須菩提! 實無有法,
소 이 자 하　　수 보 리　　실 무 유 법

發阿耨多羅三藐三菩提心者。
발 아 녹 다 라 삼 먁 삼 보 리 심 자

의역

왜냐하면, 수보리여! 만약 보살이 아상(我相), 인상
(人相), 중생상(衆生相), 수자상(壽者相)이 있다면
이는 곧 보살이 아니기 때문이니라. 수보리여! 이들

은 실은 아뇩다라삼먁삼보리심을 낼 만한 어떤 법
(法)도 없는 자들이기 때문이니라.

원문

> 須菩提! 於意云何, 如來、於燃燈佛所,
> 수보리 어의운하 여래   어연등불소
>
> 有法, 得阿耨多羅三藐三菩提不?
> 유법   득아뇩다라삼먁삼보리부

의역

수보리여! 그대 생각에 나 여래가 연등불(燃燈佛)의
처소에서 얻을 만한 어떤 법(法)이 있어서 아뇩다라
삼먁삼보리를 얻었느냐?

不也、 世尊! 如我解如來所說義,
불 야   세 존   여 아 해 여 래 소 설 의

如來於、 燃燈佛所, 無有法,
여 래 어   연 등 불 소   무 유 법

得阿耨多羅三藐三菩提。
득 아 녹 다 라 삼 막 삼 보 리

의역

아니옵니다, 세존이시여! 여래께서 설(說)하신 뜻을
제가 이해한 바로는 여래께서 연등불(燃燈佛)의 처
소에 계실 적에 아뇩다라삼먁삼보리를 얻을 만한
어떠한 법(法)도 없었습니다.

원문

佛言; 如是如是。 須菩提! 實無有法,
불 언   여 시 여 시   수 보 리   실 무 유 법

如來、 得阿耨多羅三藐三菩提。
여 래   득 아 녹 다 라 삼 막 삼 보 리

의역

부처님께서 말씀하시기를 그러하다, 그러하다. 수보리여! 실은 어떠한 법(法)도 없이 나 여래는 아뇩다라삼먁삼보리를 얻었느니라.

원문

須菩提! 若有法, 如來、
수 보 리   약 유 법   여 래

得阿耨多羅三藐三菩提者, 燃燈佛、
득 아 뇩 다 라 삼 먁 삼 보 리 자   연 등 불

卽不與我授記, 汝於來世,
즉 불 여 아 수 기   여 어 래 세

當得作佛, 號釋迦牟尼。
당 득 작 불   호 석 가 모 니

의역

수보리여! 만약 어떤 법(法)이 있어서 여래가 아뇩다라삼먁삼보리를 얻었다면, 연등불(燃燈佛)께서

나에게 '그대가 다음 세상에 마땅히 부처가 되어 석가모니라는 이름으로 불리게 될 것이다'라는 수기(授記, 확인증)를 주시지 않으셨을 것이니라.

원문

以實無有法, 得阿耨多羅三藐三菩提。
이 실 무 유 법　　득 아 뇩 다 라 삼 막 삼 보 리

是故, 燃燈佛、 與我授記, 作是言,
시 고　　연 등 불　　여 아 수 기　　작 시 언

汝於來世, 當得作佛, 號釋迦牟尼。
여 어 래 세　　당 득 작 불　　호 석 가 모 니

의역

실은 어떤 법(法)도 없이 아뇩다라삼막삼보리를 얻었느니라. 그러므로 연등불(燃燈佛)께서 나에게 수기(授記)를 주시며 말씀하시기를 '그대가 다음 세상에 마땅히 부처가 되어 석가모니라 불리게 될 것이다'라고 하셨느니라.

원문

何以故, 如來者、 卽諸法如義。
하 이 고　　　여 래 자　　　즉 제 법 여 의

若有人言, 有法, 如來、
약 유 인 언　　 유 법　　 여 래

阿耨多羅三藐三菩提, 須菩提!
아 뇩 다 라 삼 먁 삼 보 리　　수 보 리

實無有法, 佛得阿耨多羅三藐三菩提。
실 무 유 법　　불 득 아 뇩 다 라 삼 먁 삼 보 리

의역

왜냐하면, 여래라 함은 곧 모든 법(法)이 여래의 뜻
과 같기 때문이니라. 만약 어떤 사람이 '여래는 어
떤 법(法)으로 아뇩다라삼먁삼보리를 얻었다'고 말
하더라도 수보리 그대는 사실은 어떤 법(法)도 없이
'나 여래가 아뇩다라삼먁삼보리를 얻었음'을 알지
니라.

원문

須菩提! 如來、所得阿耨多羅三藐三菩提,
수 보 리　여 래　　소 득 아 뇩 다 라 삼 먁 삼 보 리

於是中, 無實無虛。
어 시 중　　무 실 무 허

의역

수보리여! 나 여래가 얻은 아뇩다라삼먁삼보리는
이 속에 아무것도 없는 것이니라.

원문

是故, 如來說、一切法, 皆是佛法。
시 고　　여 래 설　일 체 법　　개 시 불 법

須菩提! 所言一切法者,
수 보 리　소 언 일 체 법 자

卽非一切法, 是故, 名一切法。
즉 비 일 체 법　　시 고　　명 일 체 법

그러므로 나 여래가 설(說)하는 바 일체의 법(法)이 모두 부처의 법(法)이니라. 수보리여! 이른바 일체의 법(法)이란 곧 일체의 법(法)을 초월한 것이니 그 이름을 일체의 법(法)이라 한 것뿐이니라.

원문

須菩提! 譬如人身長大。
수 보 리　　비 여 인 신 장 대

須菩提言; 世尊! 如來說、
수 보 리 언　　세 존　　여 래 설

人身長大、 卽爲非大身, 是名大身。
인 신 장 대　　즉 위 비 대 신　　시 명 대 신

의역

수보리여! 비유컨대 어떤 사람의 육신이 아주 크다고 하는 것과 같으니라. 수보리가 아뢰기를 세존이시여! 여래께서 설(說)하신 바 사람의 육신이 아주 크다는 것은 곧 그 육신이 크다는 것이 아니라 그 이름을 큰 육신이라고 하신 것 뿐입니다.

원문

須菩提! 菩薩亦如是, 若作是言,
수 보 리　　보 살 역 여 시　　약 작 시 언

我當滅度, 無量衆生、卽不名菩薩。
아 당 멸 도　무 량 중 생　즉 불 명 보 살

의역

수보리여! 보살 역시 이와 같으니 만약 '내가 마땅히 수많은 중생들을 멸도해 주었다' 라고 한다면 이 사람을 곧 보살이라 불러서는 안되느니라.

원문

何以故, 須菩提! 實無有法, 名爲菩薩。
하 이 고　수 보 리　실 무 유 법　명 위 보 살

是故, 如來說一切法, 無我、
시 고　여 래 설 일 체 법　무 아

無人、 無衆生、 無壽者。
무 인　무 중 생　무 수 자

의역

왜냐하면, 수보리여! 실은 어떠한 법(法)도 없이 이름만 보살이니라. 그러므로 나 여래가 설(說)하는 바 일체의 법(法)은 아상(我相)도 없고, 인상(人相)도 없고, 중생상(衆生相)도 없고, 수자상(壽者相)도 없어야 하느니라.

원문

須菩提! 若菩薩作是言,
수 보 리　약 보 살 작 시 언

我當莊嚴佛國土, 是不名菩薩。
아 당 장 엄 불 국 토   시 불 명 보 살

何以故, 如來說、 莊嚴佛國土者、
하 이 고   여 래 설   장 엄 불 국 토 자

即非莊嚴, 是名莊嚴。
즉 비 장 엄   시 명 장 엄

의역

수보리여! 만약 어떤 보살이 말하기를 '내가 마땅히 장엄한 불국토를 만드리라' 라고 한다면 이 사람을 보살이라 불러서는 안되느니라. 왜냐하면, 여래가 설(說)하는 바 장엄한 불국토는 곧 장엄을 초월하여 그 이름을 장엄이라 한 것뿐이기 때문이니라.

원문

須菩提! 若菩薩、 通達無我法者,
수 보 리   약 보 살   통 달 무 아 법 자

如來說、 名眞是菩薩。
여 래 설   명 진 시 보 살

의역

수보리여! 만약 어떤 보살이 무아(無我)의 법(法)을 통달하였다면 나 여래는 이 사람을 참된 보살이라 부를 것이니라.

금강심경 제17 사구게

若菩薩、　通達無我法者,
약 보 살　　통 달 무 아 법 자

如來說、　名眞是菩薩。
여 래 설　　명 진 시 보 살

의역

만약 어떤 보살이 무아(無我)의 법(法)을 통달하였다면 나 여래는 이 사람을 참된 보살이라 부를 것이니라.

一 切 同 觀
일 체 동 관

◉

중도中道를 관觀하라

제18장 一切同觀 일체동관

원문

須菩提! 於意云何，如來有肉眼不?
수보리　　어의운하　　여래유육안부

如是、 世尊! 如來有肉眼。
여시　　세존　　여래유육안

의역

수보리여! 그대 생각에 나 여래에게 육안(肉眼)이
있느냐? 그러하옵니다, 세존이시여! 여래께는 육안
(肉眼)이 있으십니다.

원문

須菩提! 於意云何, 如來有天眼不?
수보리　어의운하　여래유천안부

如是、 世尊! 如來有天眼。
여시　세존　여래유천안

의역

수보리여! 그대 생각에 나 여래에게 천안(天眼)이
있느냐? 그러하옵니다, 세존이시여! 여래께는 천안
(天眼)이 있으십니다.

원문

須菩提! 於意云何, 如來有慧眼不?
수보리　어의운하　여래유혜안부

如是、 世尊! 如來有慧眼。
여시　세존　여래유혜안

의역

수보리여! 그대 생각에 나 여래에게 혜안(慧眼)이 있느냐? 그러하옵니다, 세존이시여! 여래께는 혜안(慧眼)이 있으십니다.

원문

須菩提！ 於意云何，如來有法眼不？
수보리　어의운하　여래유법안부

如是、 世尊！ 如來有法眼。
여시　세존　여래유법안

의역

수보리여! 그대 생각에 나 여래에게 법안(法眼)이 있느냐? 그러하옵니다, 세존이시여! 여래께는 법안(法眼)이 있으십니다.

須菩提! 於意云何, 如來有佛眼不?
수보리   어의운하   여래유불안부

如是、 世尊! 如來有佛眼。
여시   세존   여래유불안

의역

수보리여! 그대 생각에 나 여래에게 불안(佛眼)이
있느냐? 그러하옵니다. 세존이시여! 여래께는 불안
(佛眼)이 있으십니다.

원문

須菩提! 於意云何,
수보리   어의운하

如恒河中所有沙 佛說是沙不?
여항하중소유사 불설시사부

如是、 世尊! 如來說、 是沙。
여시   세존   여래설   시사

수보리여! 그대 생각에 저 갠지스 강에 있는 수많은 모래를 여래가 설(說)한 바가 있느냐? 그러하옵니다, 세존이시여! 여래께서는 갠지스 강에 있는 모래에 관해 설(說)하신 바가 있습니다.

원문

須菩提! 於意云何, 如一恒河中所有沙,
수보리 어의운하 여일항하중소유사

有如是沙等恒河, 是諸恒河,
유여시사등항하 시제항하

所有沙數, 佛世界, 如是、寧爲多不?
소유사수 불세계 여시 영위다부

甚多、 世尊!
심다 세존

의역

수보리여! 그대 생각에 저 갠지스 강에 있는 모래 수

만큼이나 많은 갠지스 강이 또 있고, 모든 갠지스 강에 있는 모래 수만큼이나 많은 부처의 세계가 있다면 그 세계를 참으로 많다고 하겠느냐? 아주 많사옵니다, 세존이시여!

원문

佛告; 須菩提! 爾所國土中,
불고　수보리　　이소국토중

所有衆生, 若干種心, 如來悉知。
소유중생　약간종심　여래실지

의역

부처님께서 말씀하시기를 수보리여! 저 많은 세계에 있는 모든 중생들의 갖가지 마음을 나 여래는 모두 다 알고 있느니라.

何以故, 如來說、 諸心,
하 이 고   여 래 설   제 심

皆爲非心, 是名爲心。
개 위 비 심   시 명 위 심

의역

왜냐하면, 여래가 설(說)하는 바 모든 마음은 모두
다 마음을 초월하여 그 이름을 마음이라 한 것뿐이
기 때문이니라.

원문

所以者何, 須菩提! 過去心、 不可得,
소 이 자 하   수 보 리   과 거 심   불 가 득

現在心、 不可得, 未來心、 不可得。
현 재 심   불 가 득   미 래 심   불 가 득

의역

그 까닭은 수보리여! 과거의 마음도 얻을 수 없고,
현재의 마음도 얻을 수 없고, 미래의 마음도 얻을 수
없기 때문이니라.

금강심경 제18 사구게

爾所國土中，所有衆生，
이 소 국 토 중　　소 유 중 생

若干種心，如來悉知。
약 간 종 심　　여 래 실 지

의역

저 많은 세계에 있는 모든 중생들의 갖가지 마음을
나 여래는 모두 다 알고 있느니라.

제 19 장

法 界 通 化
법 계 통 화

●

법계를 두루 교화하라

원문

須菩提! 於意云何, 若有人、
수 보 리　　어 의 운 하　　약 유 인

滿三千大千世界七寶, 以用布施,
만 삼 천 대 천 세 계 칠 보　　이 용 보 시

是人, 以是因緣, 得福多不?
시 인　　이 시 인 연　　득 복 다 부

의역

수보리여! 그대 생각에 만약 어떤 사람이 삼천대천
세계에 가득찬 칠보를 가지고 보시한다면 이 사람
은 이 인연으로 얻는 복덕이 많겠느냐?

원문

如是、 世尊! 此人、 以是因緣,
여시　세존　차인　이시인연

得福甚多。
득복심다

의역

그러하옵니다, 세존이시여! 이 사람은 이 인연으로
아주 많은 복덕을 얻을 것입니다.

원문

須菩提! 若福德有實, 如來不說、
수보리　약복덕유실　여래불설

得福德多, 以福德無故, 如來說、
득복덕다　이복덕무고　여래설

得福德多。
득복덕다

의역

수보리여! 만약 복덕이 진실로 있는 것이라면 복덕을 많이 얻을 것이라고 여래가 설(說)하지 않았을 터인데 복덕이란 본래 없는 까닭으로 여래가 많은 복덕을 얻는다고 설(說)하는 것이니라.

금강심경 제19 사구게

若福德有實, 如來不說得福德多,
약 복 덕 유 실   여 래 불 설 득 복 덕 다

以福德無故, 如來說得福德多。
이 복 덕 무 고   여 래 설 득 복 덕 다

의역

만약 복덕이 진실로 있는 것이라면 복덕을 많이 얻을 것이라고 여래가 설(說)하지 않았을 터인데 복덕이란 본래 없는 까닭으로 여래가 많은 복덕을 얻는다고 설(說)하는 것이니라.

離色離相
이 색 리 상

●

색色도 버리고 상相도 버려라

제20장 離色離相 이색리상

원문

須菩提! 於意云何, 如來、
수보리   어의운하   여래

可以具足色身見不? 不也、
가이구족색신견부   불야

世尊! 如來、不應以具足色身見。
세존   여래   불응이구족색신견

의역

수보리여! 그대 생각에 가히 구족색신(具足色身)으로 여래를 볼 수 있겠느냐? 아니옵니다, 세존이시여! 마땅히 구족색신으로 여래를 뵐 수가 없나이다.

원문

何以故, 如來說具足色身、
하 이 고   여 래 설 구 족 색 신

卽非具足色身, 是名具足色身。
즉 비 구 족 색 신   시 명 구 족 색 신

의역

왜냐하면, 여래께서 설(說)하신 바 구족색신(具足色身)이란 곧 구족색신을 초월한 것으로 그 이름을 구족색신이라 하신 것뿐이기 때문입니다.

원문

須菩提! 於意云何, 如來、
수 보 리   어 의 운 하   여 래

可以具足諸相見不? 不也、
가 이 구 족 제 상 견 부   불 야

世尊! 如來、不應以具足諸相見。
세 존   여 래   불 응 이 구 족 제 상 견

의역

수보리여! 그대 생각에 가히 구족제상(具足諸相)으로 여래를 볼 수 있겠느냐? 아니옵니다, 세존이시여! 구족제상으로 여래를 뵐 수가 없나이다.

원문

何以故, 如來說具足諸相、
하 이 고   여 래 설 구 족 제 상

卽非具足諸相, 是名具足諸相。
즉 비 구 족 제 상   시 명 구 족 제 상

의역

왜냐하면, 여래께서 설(說)하신 바 구족제상(具足諸相)이란 곧 구족제상을 초월하여 그 이름을 구족제상이라 하신 것 뿐이기 때문입니다.

금강심경 제20 사구게

如來說具足色身, 是名具足色身,
여래설구족색신   시명구족색신

如來說具足諸相, 是名具足諸相。
여래설구족제상   시명구족제상

의역

여래께서 설(說)하신 바 구족색신(具足色身)이란
그 이름을 구족색신이라 하신 것뿐이며, 여래께서
설(說)하신 바 구족제상(具足諸相)이란 그 이름을
구족제상이라 하신 것뿐입니다.

제 21 장

非說所說
비 설 소 설

●

설說할 수 있는 법法은 없다

원문

> 須菩提! 汝勿謂、 如來作是念,
> 수보리 여물위 여래작시념
>
> 我當、 有所說法, 莫作是念。
> 아당 유소설법 막작시념

의역

수보리여! 그대는 여래가 '내가 마땅히 설(說)한 바 법(法)이 있다'라 생각한다고 오해하지 말아야 하느니라.

원문

何以故，若人言、如來有所說法、
하 이 고　　약 인 언　　여 래 유 소 설 법

即爲謗佛，不能解我所說故。
즉 위 방 불　　불 능 해 아 소 설 고

의역

왜냐하면, 만약 어떤 사람이 '여래가 설(說)한 바 법
(法)이 있다'라고 말한다면 이는 곧 여래를 비방하
는 것으로 여래가 설(說)한 법(法)을 능히 이해하지
못하고 있는 까닭이니라.

원문

須菩提！說法者、
수 보 리　　설 법 자

無法可說，是名說法。
무 법 가 설　　시 명 설 법

수보리여! 법(法)을 설(說)한다는 것은 설(說)할 수
있는 법(法)이 있다는 것이 아니라 그 이름을 설법
(說法)이라 한 것뿐이니라.

원문

爾時，慧命須菩提白佛言；世尊!
이 시　혜 명 수 보 리 백 불 언　세 존

頗有衆生，於未來世、聞說是法，
파 유 중 생　어 미 래 세　문 설 시 법

生信心不?
생 신 심 부

의역

그 때 혜명(慧命) 수보리가 부처님께 아뢰기를 세존
이시여! 어떤 중생이 아직 오지 않은 미래 세계에서
이 설법을 듣고 신심을 낼 수 있겠습니까?

원문

佛言; 須菩提! 彼非衆生, 非不衆生。
불언 수보리 피비중생 비불중생

何以故, 須菩提! 衆生衆生者,
하이고 수보리 중생중생자

如來說、 非衆生, 是名衆生。
여래설 비중생 시명중생

의역

부처님께서 말씀하시기를 수보리여! 중생이냐 아니냐를 초월해야 하느니라. 왜냐하면, 중생들이 말하는 중생이란 여래가 설(說)한 바 중생들을 초월하여 그 이름을 중생이라 한 것뿐이기 때문이니라.

금강심경 제21 사구게

彼非衆生，非不衆生，
피비중생　비불중생

衆生衆生者，是名衆生。
중생중생자　시명중생

의역

중생이냐 아니냐를 초월해야 하느니, 중생들이 말
하는 중생이란 그 이름을 중생이라 한 것뿐이니라.

제 22 장

無 法 可 得
무 법 가 득

◉

얻을 수 있는 법法은 없다

제22장 無法可得 무법가득

원문

> 須菩提白佛言; 世尊! 如來、
> 수보리백불언　세존　여래
>
> 得阿耨多羅三藐三菩提, 爲無所得耶?
> 득아뇩다라삼먁삼보리　위무소득야

의역

수보리가 부처님께 아뢰기를 세존이시여! 여래께서
아뇩다라삼먁삼보리를 얻으셨는데 아무 소득이 없
는 것입니까?

원문

佛言; 如是如是, 須菩提!
불언　　여시여시　　수보리

我於阿耨多羅三藐三菩提、
아 어 아 녹 다 라 삼 먁 삼 보 리

乃至、 無有少法可得,
내 지　　무 유 소 법 가 득

是名阿耨多羅三藐三菩提。
시 명 아 녹 다 라 삼 먁 삼 보 리

의역

부처님께서 말씀하시기를 수보리여! 그러하다, 그러하다. 나에게 있어 아녹다라삼먁삼보리는 조그마한 법(法)도 얻은 것이 없기에 그 이름을 아녹다라삼먁삼보리라 한 것뿐이니라.

금강심경 제 22 사구게

如來於、 阿耨多羅三藐三菩提,
여래어　　아뇩다라삼먁삼보리

乃至無有少法可得,
내지무유소법가득

是名阿耨多羅三藐三菩提。
시명아뇩다라삼먁삼보리

의역

나 여래에게 있어 아뇩다라삼먁삼보리는 조그마한
법(法)도 얻은 것이 없기에 그 이름을 아뇩다라삼먁
삼보리라 한 것뿐이니라.

제 23 장

淨 心 行 善
정 심 행 선

●

청정심으로 선업善業을 행하라

제23장 淨心行善 정심행선

원문

復次, 須菩提! 是法平等, 無有高下,
부차　수보리　시법평등　무유고하

是名阿耨多羅三藐三菩提 。
시명아뇩다라삼먁삼보리

의역

다시 말하거니와 수보리여! 이 법(法)은 평등하여
상하가 없으니 그 이름을 아뇩다라삼먁삼보리라 한
것뿐이니라.

원문

以無我、 無人、 無衆生、
이 무 아　　무 인　　무 중 생

無壽者、 修一切善法、
무 수 자　　수 일 체 선 법

卽得阿耨多羅三藐三菩提。
즉 득 아 녹 다 라 삼 막 삼 보 리

의역

아상(我相)도 없고, 인상(人相)도 없고, 중생상(衆
生相)도 없고, 수자상(壽者相)도 없는 일체의 선법
(善法)으로 수행하면 곧 아뇩다라삼먁삼보리를 얻
게 될 것이니라.

원문

須菩提! 所言善法者, 如來說、
수 보 리　　소 언 선 법 자　　여 래 설

卽非善法, 是名善法。
즉 비 선 법　　시 명 선 법

의역

수보리여! 이른바 선법(善法)이란 여래가 설(說)한 바 곧 선법을 초월한 것으로 그 이름을 선법이라 한 것뿐이니라.

금강심경 제 23 사구게

以無我人, 以無衆生壽者,
이 무 아 인   이 무 중 생 수 자

修一切善法、
수 일 체 선 법

卽得阿耨多羅三藐三菩提。
즉 득 아 뇩 다 라 삼 먁 삼 보 리

의역

아상(我相)도 없고, 인상(人相)도 없고, 중생상(衆生相)도 없고, 수자상(壽者相)도 없는 일체의 선법(善法)으로 수행하면 곧 아뇩다라삼먁삼보리를 얻게 될 것이니라.

제 24 장

福 智 無 比
복 지 무 비

◉

복덕은 지혜에 비할 바 아니다

제24장 福智無比 복지무비

원문

須菩提! 若三千大千世界中、
수보리 　 약삼천대천세계중

所有諸須彌山王，如是等七寶聚，
소유제수미산왕 　 여시등칠보취

有人，持用布施，
유인 　 지용보시

의역

수보리여! 만약 삼천대천세계에 있는 여러 수미산 (須彌山)을 합쳐 놓은 것 만큼 칠보를 쌓아놓고 어떤 사람이 보시를 하더라도,

원문

若人、 以此般若波羅蜜多經、 乃至、
약인   이차반야바라밀다경   내지

四句偈等, 受持讀誦, 爲他人說,
사구게등   수지독송   위타인설

於前福德, 百分不及一、 百千萬億分、
어전복덕 백분불급일   백천만억분

乃至、 算數譬喩, 所不能及。
내지   산수비유 소불능급

의역

만약 또 어떤 사람이 이 반야바라밀경다경으로 또
는 사구게(四句偈)의 한 게송(一偈頌)만이라도 수
지독송(受持讀誦)하여 남을 위해 설법한다면 앞의
칠보 재물보시 복덕은 이 법보시 복덕의 백분의 일
에도 미치지 못하고, 백천만억분의 일에도 미치지
못하며, 나아가 숫자로는 도저히 비교할 수 없는 만
큼에도 미치지 못하느니라.

금강심경 제24 사구게

以此般若波羅蜜多經乃至四句偈等,
이 차 반 야 바 라 밀 다 경 내 지 사 구 게 등

受持讀誦爲他人說, 於七寶布施福德,
수 지 독 송 위 타 인 설   어 칠 보 보 시 복 덕

算數譬喩所不能及。
산 수 비 유 소 불 능 급

의역

이 반야바라밀경다경으로 또는 사구게(四句偈)의
한 게송(一偈頌)만이라도 수지독송(受持讀誦)하여
남을 위해 설법한다면 칠보 재물보시로 얻는 복덕
보다 이 법보시의 복덕이 숫자로는 도저히 비교할
수 없을 만큼 클 것이니라.

제 25 장

化 無 所 化
화　무　소　화

◉

분별없는 교화는 낭비하는 것이다

제25장 化無所化 화무소화

원문

須菩提! 於意云何?
수 보 리   어 의 운 하

汝等、 勿謂、 如來作是念,
여 등   물 위   여 래 작 시 념

我當滅度眾生。須菩提! 莫作是念。
아 당 멸 도 중 생   수 보 리   막 작 시 념

의역

수보리여! 그대 생각은 어떠 하느냐? '여래가 마땅히 중생들을 멸도(滅度)에 이르게 했다'라고 생각하고 있다고 오해하지 말아라. 수보리여! 이런 생각을 해서는 안되느니라.

원문

何以故, 實無有衆生, 如來滅度者。
하 이 고　실 무 유 중 생　여 래 멸 도 자

若有衆生, 如來滅度者, 如來、
약 유 중 생　여 래 멸 도 자　여 래

即有我人衆生壽者。
즉 유 아 인 중 생 수 자

의역

왜냐하면, 실은 여래가 멸도(滅度)에 이르게 할 중생들이 없기 때문이니라. 만약 여래가 멸도에 이르게 한 중생들이 있다면 곧 여래가 아상(我相), 인상(人相), 중생상(衆生相), 수자상(壽者相)이 있다고 하는 것이 되느니라.

원문

須菩提! 如來說、有我者、即非有我,
수 보 리　여 래 설　유 아 자　즉 비 유 아

而凡夫之人, 以爲有我。須菩提!
이 범 부 지 인　이 위 유 아　수 보 리

> 凡夫者, 如來說、 卽非凡夫, 是名凡夫。
> 범 부 자 여 래 설 즉 비 범 부 시 명 범 부

의역

수보리여! 여래가 설(說)하는 바 '아(我)가 있다' 라
함은 곧 아(我)가 있어서가 아니거늘 범부(凡夫)들
이 '아(我)가 있다'라고 하는 것이니라. 수보리여!
범부라는 것도 여래가 설(說)하는 바 곧 범부가 아
니라 그 이름을 범부라 한 것뿐이니라.

금강심경 제 25 사구게

> 有我者卽非有我, 以爲有我,
> 유 아 자 즉 비 유 아 　 이 위 유 아
> 凡夫者卽非凡夫, 是名凡夫。
> 범 부 자 즉 비 범 부 　 시 명 범 부

의역

'아(我)가 있다'라 함은 곧 아(我)가 있어서가 아니
거늘, 범부(凡夫)라는 것도 범부가 아니라 그 이름
을 범부라 한 것뿐이니라.

제 26 장

法身非相
법 신 비 상

●

법신法身은 상相이 없다

제26장 **法身非相** 법신비상

원문

須菩提! 於意云何,
수 보 리   어 의 운 하

可以三十二相, 觀如來不?
가 이 삼 십 이 상   관 여 래 부

의역

수보리여! 그대 생각에 가히 32상(三十二相)으로 나
여래를 볼 수 있겠느냐?

원문

須菩提言; 如是如是、
수 보 리 언   여 시 여 시

以三十二相, 觀如來。
이 삼 십 이 상   관 여 래

의역

수보리가 아뢰기를 그러합니다. 32상(三十二相)으로 여래를 뵐 수 있습니다.

원문

佛言; 須菩提! 若以三十二相,
불 언   수 보 리   약 이 삼 십 이 상,

觀如來者, 轉輪聖王、卽是如來。
관 여 래 자   전 륜 성 왕   즉 시 여 래

의역

부처님께서 말씀하시기를 수보리여! 만약 32상(三十二相)으로 나 여래를 본다면 전륜성왕도 곧 여래가 되는 것이니라.

원문

須菩提白佛言; 世尊! 如我解佛所設義,
수 보 리 백 불 언   세 존   여 아 해 불 소 설 의

不應以三十二相, 觀如來!
불 응 이 삼 십 이 상   관 여 래

의역

수보리가 부처님께 아뢰기를 세존이시여! 부처님께서 설(說)하신 바를 제가 이해해 보니 마땅히 32상(三十二相)으로는 여래를 뵐 수 없는 것이군요!

원문

爾時, 世尊而說偈言。
이 시   세 존 이 설 게 언

若以色見我, 以音聲求我,
약 이 색 견 아   이 음 성 구 아

是人行邪道, 不能見如來。
시 인 행 사 도   불 능 견 여 래

의역

그 때 세존께서 게송으로 설(說)하셨습니다. 만약
색(色, 불상, 절)으로 나 여래를 보려 하거나, 음성
(音聲, 염불, 목탁소리)으로 나 여래를 찾으려 하는
자는 거짓된 도(道)를 행하는 것이니 나 여래를 능
히 볼 수 없을 것이니라.

금강심경 제 26 사구게

不應以三十二相觀如來,
불 응 이 삼 십 이 상 관 여 래

若以色見我音聲求我,
약 이 색 견 아 음 성 구 아

是人行邪道, 不能見如來。
시 인 행 사 도   불 능 견 여 래

의역

마땅히 32상(三十二相)으로는 여래를 볼 수 없느니,

만약 색(色, 불상, 절)으로 나 여래를 보려 하거나,

음성(音聲, 염불, 목탁소리)으로 나 여래를 찾으려
하는 자는 거짓된 도(道)를 행하는 것이니 나 여래
를 능히 볼 수 없을 것이니라.

제 27 장

無斷無滅
무 단 무 멸

●

단절과 소멸을 초월하라

제27장 無斷無滅 무단무멸

원문

須菩提！汝若作是念，如來、
수보리   여약작시념   여래

不以具足諸相故，
불이구족제상고

得阿耨多羅三藐三菩提？
득아뇩다라삼먁삼보리

의역

수보리여! 그대 생각에 나 여래가 구족제상(具足諸相)을 갖추지 않은 까닭으로 아뇩다라삼먁삼보리를 얻은 것이냐?

원문

須菩提！ 莫作是念,
수 보 리　　막 작 시 념

如來、 不以具足諸相故,
여 래　　불 이 구 족 제 상 고

得阿耨多羅三藐三菩提。
득 아 뇩 다 라 삼 먁 삼 보 리

의역

수보리여! 나 여래가 구족제상(具足諸相)을 갖추지
않은 까닭으로 아뇩다라삼먁삼보리를 얻었다고 생
각해서는 안되느니라.

원문

須菩提！ 汝若作是念,
수 보 리　　여 약 작 시 념

發阿耨多羅三藐三菩提心者,
발 아 뇩 다 라 삼 먁 삼 보 리 심 자

> 說諸法斷滅，莫作是念。
> 설 제 법 단 멸　　막 작 시 념

의역

수보리여! 만약 그대 생각에 아뇩다라삼먁삼보리심을 낸다는 것이 모든 법(法)을 끊고 멸(滅)하는 것이라면 이런 생각을 해서는 안되느니라.

원문

> 何以故，發阿耨多羅三藐三菩提心者，
> 하 이 고　　발 아 뇩 다 라 삼 먁 삼 보 리 심 자
>
> 於法、不說斷滅相。
> 어 법　　불 설 단 멸 상

의역

왜냐하면, '아뇩다라삼먁삼보리심을 낸다'라 함은 단순히 법(法)에서 상(相)을 끊고 멸(滅)하는 것을

말하는 것이 아니기 때문이니라.

금강심경 제 27 사구게

得阿耨多羅三藐三菩提心者,
득 아 뇩 다 라 삼 먁 삼 보 리 심 자

不以具足諸相,
불 이 구 족 제 상

發阿耨多羅三藐三菩提心者,
발 아 뇩 다 라 삼 먁 삼 보 리 심 자

不說諸法斷滅。
불 설 제 법 단 멸

의역

'아뇩다라삼먁삼보리심을 얻는다'라 함은 구족제
상(具足諸相)으로서가 아니며, '아뇩다라삼먁삼보
리심을 낸다'라 함은 모든 법(法)의 단멸을 말하는
것이 아니니라.

제 28 장

不受不貪
불 수 불 탐

◉

공덕을 탐하지 말라

제28장 **不受不貪** 불수불탐

원문

須菩提! 若菩薩、以滿恒河沙等、
수보리   약보살   이만항하사등

世界七寶、持用布施, 若復有人、
세계칠보   지용보시   약부유인

知一切法無我, 得成於忍,
지일체법무아   득성어인

此菩薩、勝前菩薩所得功德。
차보살   승전보살소득공덕

의역

수보리여! 만약 어떤 보살이 갠지스 강에 있는 모래
수만큼이나 많은 세계에 가득찬 칠보를 가지고 보
시하더라도, 또 만약 어떤 사람이 모든 법의 무아(無
我)를 알고 인욕(忍辱)으로 이루어 얻게 된다면 이

보살은 앞의 칠보로 보시하는 보살보다도 더 큰 공덕을 얻게 될 것이니라.

원문

何以故, 須菩提!
하 이 고   수 보 리

以諸菩薩、 不受福德故。
이 제 보 살   불 수 복 덕 고

의역

왜냐하면, 수보리여! 모든 보살들은 이처럼 복덕을 받으려고 해서는 안되기 때문이니라.

須菩提白佛言; 世尊!
수 보 리 백 불 언　세 존

云何菩薩, 不受福德?
운 하 보 살　불 수 복 덕

須菩提! 菩薩、所作福德, 不應貪着,
수 보 리　보 살　소 작 복 덕　불 응 탐 착

是故說、不受福德。
시 고 설　불 수 복 덕

의역

수보리가 부처님께 아뢰기를 세존이시여! 어찌하여 보살은 복덕을 받지 않는 것입니까? 수보리여! 보살은 자기가 지은 복덕을 마땅히 탐하는 것이 아니므로 복덕을 받지 않는 것이라고 설(說)하는 것이니라.

금강심경 제 28 사구게

以滿恒河沙等世界七寶,
이 만 항 하 사 등 세 계 칠 보

持用布施,　知一切法無我得成於忍,
지 용 보 시　　지 일 체 법 무 아 득 성 어 인

勝前菩薩所得功德。
승 전 보 살 소 득 공 덕

의역

갠지스 강에 있는 모래 수만큼이나 많은 세계에 가
득찬 칠보를 가지고 보시하여 얻는 공덕보다 모든
법이 무아(無我)임을 알고 인욕(忍辱)으로 얻게 되
는 보살의 공덕이 더 클 것이니라.

제 29 장

威 儀 寂 靜
위 의 적 정

◉

여래如來는 오고 감이 없다

제29장 威儀寂靜 위의적정

원문

須菩提! 若有人言、
수 보 리   약 유 인 언

如來、若來若去，若坐若臥，
여 래   약 래 약 거   약 좌 약 와

是人、不解我所說義。
시 인   불 해 아 소 설 의

의역

수보리여! 만약 어떤 사람이 나 여래가 오거나 가거나 앉거나 눕는다고 말한다면 이 사람은 내가 설(說)한 바를 제대로 이해하지 못한 것이니라.

何以故, 如來者、 無所從來,
하 이 고   여 래 자   무 소 종 래

亦無所去, 故名如來。
역 무 소 거   고 명 여 래

의역

왜냐하면, 나 여래는 어디로 오거나 마찬가지로 어디로 가는 존재가 아니라 이름을 여래라고 한 것뿐이기 때문이니라.

금강심경 제29 사구게

如來者, 無所從來,
여래자　무소종래

亦無所去, 是名如來。
역무소거　시명여래

의역

여래라 함은 어디로 오거나 마찬가지로 어디로 가
는 존재가 아니라 이름을 여래라고 한 것뿐이니라.

제 30 장

一 合 理 相
일 합 리 상

◉

절대적인 하나의 상相이란 없다

제30장 一合理相 일합리상

원문

須菩提! 若善男子、善女人、
수보리　약선남자　선여인

以三千大千世界, 碎爲微塵, 於意云何,
이삼천대천세계　쇄위미진　어의운하

是微塵衆, 寧爲多不?
시미진중　영위다부

須菩提言; 甚多、世尊!
수보리언　심다　세존

의역

수보리여! 만약 남녀할 것 없이 삼천대천세계를 부수어 미세한 티끌을 내었다면 그대 생각에 이 미세한 티끌은 얼마나 많겠느냐? 수보리가 말하기를 아주 많습니다, 세존이시여!

원문

何以故, 若是微塵衆, 實有者,
하 이 고　약 시 미 진 중　실 유 자

佛卽不說, 是微塵衆。
불 즉 불 설　시 미 진 중

所以者何, 佛說、微塵衆、
소 이 자 하　불 설　미 진 중

卽非微塵衆, 是名微塵衆。
즉 비 미 진 중　시 명 미 진 중

의역

왜냐하면, 만약 이 수많은 미세 티끌이 실제로 있는
것이라면 부처님께서 저 수많은 티끌이라고 설(說)
하시지 않았을 것입니다. 그런 까닭에 부처님께서
수많은 티끌이라고 설(說)하신 것은 곧 수많은 티끌
이 아니라 그 이름을 수많은 티끌이라고 하신 것 뿐
입니다.

원문

世尊! 如來、所說三千大千世界、
세존 여래 소설삼천대천세계

卽非世界, 是名世界。
즉비세계 시명세계

의역

세존이시여! 여래께서 설(說)하신 바 삼천대천세계
도 곧 그런 세계가 아니라 이름을 그런 세계라고 하
신 것 뿐입니다.

원문

何以故, 若世界、實有者、
하이고 약세계 실유자

卽是一合相, 如來說一合相、
즉시일합상 여래설일합상

卽非一合相, 是名一合相。
즉비일합상 시명일합상

왜냐하면, 만약 그런 세계가 실제로 있다면 곧 절대
적인 한 상(一合相)이겠지만 여래께서 설(說)하신
절대적인 한 상(一合相)이란 곧 절대적인 한 상(一
合相)이 아니라 그 이름을 절대적인 한 상(一合相)
이라 설(說)하신 것 뿐이기 때문입니다.

원문

須菩提! 一合相者、
수 보 리   일 합 상 자

卽是不可說, 但凡夫之人, 貪着其事。
즉 시 불 가 설   단 범 부 지 인   탐 착 기 사

의역

수보리여! 절대적인 한 상(一合相)이란 곧 설(說)하
기 불가한 것인데, 단지 범부(凡夫)들이 그것을 탐
하고 집착하고 있는 것이니라.

금강심경 제30 사구게

一合相者、 卽是不可說,
일 합 상 자 　 즉 시 불 가 설

但凡夫之人, 貪着其事。
단 범 부 지 인 　 탐 착 기 사

의역

절대적인 한 상(一合相)이란 곧 설(說)하기 불가한
것인데, 단지 범부(凡夫)들이 그것을 탐하고 집착하
고 있는 것이니라.

知見不生
지 견 불 생

●

알고 있다는 견해를 내지 말라

제31장 **知見不生** 지견불생

원문

須菩提! 若人言、 佛說、 我見、
수보리 약인언 불설 아견

人見、 衆生見、 壽者見。
인견 중생견 수자견

須菩提! 於意云何, 是人、
수보리 어의운하 시인

解我所說義不?
해아소설의부

의역

수보리여! 만약 어떤 사람이 '부처님께서 아상(我相)에 대한 견해, 인상(人相)에 대한 견해, 중생상(衆生相)에 대한 견해, 수자상(壽者相)에 대한 견해를 설(說)하시더라'라고 말했다 치자. 수보리여! 그

대 생각에 이 사람은 나 여래가 설(說)한 뜻을 제대
로 이해한 것이냐?

원문

不也、 世尊! 是人、不解如來所說義。
불 야　　세 존　　시 인　　불 해 여 래 소 설 의

의역

아니옵니다, 세존이시여! 이 사람은 여래께서 설
(說)하신 뜻을 제대로 이해하지 못한 것입니다.

원문

何以故, 世尊! 說我見、 人見、
하 이 고　　세 존　　설 아 견　　인 견

衆生見、 壽者見、 卽非我見, 人見、
중 생 견　　수 자 견　　즉 비 아 견　　인 견

衆生見、 壽者見、 是名,
중 생 견　　수 자 견　　시 명

我見、 人見、 衆生見、 壽者見。
아 견　　인 견　　중 생 견　　수 자 견

의역

왜냐하면, 세존께서 설(說)하신 바 아상(我相)에 대
한 견해, 인상(人相)에 대한 견해, 중생상(衆生相)에
대한 견해, 수자상(壽者相)에 대한 견해는 곧 아상
(我相)에 대한 견해, 인상(人相)에 대한 견해, 중생
상(衆生相)에 대한 견해, 수자상(壽者相)에 대한 견
해를 설(說)하신 것이 아니라 그 이름을 그렇게 부
른 것 뿐이기 때문입니다.

원문

須菩提! 發阿耨多羅三藐三菩提心者,
수 보 리　발 아 녹 다 라 삼 먁 삼 보 리 심 자

於一切法，應如是知，如是見，
어 일 체 법　응 여 시 지　여 시 견

如是信解，不生法相。
여 시 신 해　불 생 법 상

의역

수보리여! '아뇩다라삼먁삼보리심을 낸다'라 함은 모든 법(法)에 대하여 마땅히 이렇게 알고, 이렇게 보고, 이렇게 믿고 이해해서 법(法)이라는 상(相)을 내어서는 안되는 것이니라.

원문

須菩提！所言法相者，如來說、
수 보 리　소 언 법 상 자　여 래 설

卽非法相，是名法相。
즉 비 법 상　시 명 법 상

의역

수보리여! 법이라는 상(相)도 나 여래가 설(說)한 바
곧 법(法)이라는 상(相)이 아니라 이를 초월하여 그
이름을 법상(法相)이라 하는 것 뿐이니라.

금강심경 제31 사구게

發阿耨多羅三藐三菩提心者,
발 아 뇩 다 라 삼 먁 삼 보 리 심 자

於一切法,　應如是知見信解,　不生法相。
어 일 체 법　응 여 시 지 견 신 해　불 생 법 상

의역

'아뇩다라삼먁삼보리심을 낸다'라 함은 모든 법
(法)에 대하여 마땅히 이렇게 알고, 이렇게 보고, 이
렇게 믿고 이해해서 법(法)이라는 상(相)을 내어서
는 안되는 것이니라.

제 32 장

應 化 非 眞
응 화 비 진

●

모든 것은 꿈이다

제32장 應化非眞 응화비진

원문

須菩提! 若有人,
수보리　약유인

以滿無量阿僧祇世界七寶,　持用布施,
이만무량아승지세계칠보　지용보시

若有善男子,　善女人,　發菩薩心者,
약유선남자　선여인　발보살심자

持於此經、　乃至、　四句偈等、
지어차경　내지　사구게등

受持讀誦,　爲他人說,　其福勝彼。
수지독송　위타인설　기복승피

의역

수보리여! 만약 어떤 사람이 한없는 아승지 세계에
가득찬 칠보를 가지고 보시하더라도, 만약 남녀 가
릴 것 없이 보리심을 낸 이가 있어 이 금강경 사구

게(四句偈)의 한 게송(一偈頌)만이라도 수지독송
(受持讀誦)하여 남을 위해 설법을 한다면 이들의 복
덕이 앞의 보시를 한 사람의 복덕보다 클 것이니라.

원문

云何爲他人說, 不取於相, 如如不動。
운 하 위 타 인 설　　불 취 어 상　　여 여 부 동

의역

남을 위해 설(說)하는 것이 어떻게 하는 것이냐 하
면 상(相)에 집착하지 않고 흔들림 없이 설법(說法)
하는 것이니라.

원문

何以故, 一切有爲法, 如夢幻泡影,
하 이 고　　일 체 유 위 법　　여 몽 환 포 영

如露亦如電, 應作如是觀。
여 로 역 여 전　　응 작 여 시 관

의역

왜냐하면, 일체유위법(一切有爲法)이란 '일체의 유위(有爲)는 꿈, 허깨비, 물거품, 그림자 같고 이슬 같고 또 번개와 같은 것'이라 보는 것인데, 마땅히 만물을 이렇게 보아야 하느니라.

원문

佛說是經已、 長老須菩提、 及諸比丘、
불설시경이　　　장로수보리　　　급제비구

比丘尼、 優婆塞、 優婆尼、 一切世間,
비구니　　우바새　　우바이　　일체세간

天、 人、 阿修羅、 聞佛所說,
천　　인　　아수라　　문불소설

皆大歡喜, 信受奉行。
개대환희　　신수봉행

의역

부처님께서 이 경(經)을 모두 다 설(說)하시고 나니,

수보리 장로 및 모든 비구, 비구니, 우바새, 우바이

그리고 천상, 인간, 아수라의 모든 세간에서 부처님

께서 설(說)하신 바를 듣고 모두 크게 기뻐하면서

이를 믿고 받아 봉행하였습니다.

금강심경 제 32 사구게

一切有爲法,　如夢幻泡影,
일 체 유 위 법　　여 몽 환 포 영

如露亦如電,　應作如是觀。
여 로 역 여 전　　응 작 여 시 관

의역

일체유위법(一切有爲法)이란 '일체의 유위(有爲)
는 꿈, 허깨비, 물거품, 그림자 같고 이슬 같고 또 번
개와 같은 것'이라 보는 것인데, 마땅히 만물을 이
렇게 보아야 하느니라.

부 록

●

불교 기본 용어 사전

공(空)

만물에는 변하지 않고 고정된 실체와 나(아, 我, Atman)는 없고, 다만 작용만 있을 뿐이라고 생각하는 사상입니다. 산스크리트어로는 Sunyata라고 합니다. 만물은 연기(緣起)에 의해 존재하고 작용하는 것이므로 실체로서 변하지 않는 자아(自我)가 그 속에 존재할 리가 없다는 것입니다. 그러므로 작용은 있지만 실체는 없다고 보는 사상입니다. 예를 들어 꿈을 꾸고 있을 때 꿈속에서 실체는 없지만 마음의 작용은 있는 것과 같은 이치입니다. 공은 반야심경의 핵심 사상입니다.

구족색신(具足色身), 구족제상(具足諸相)

모든 색신(色身)과 상(相)을 다 갖추고 있다는 뜻입니다. '모든 색신을 다 갖추고 있다'라 함은 부처님의 체질에서 범부(凡夫)나 중생들보다 잘 생긴 부분 여든 가지를 골라서 이르는 말이고, '모든 상을 다 갖추고 있다'라 함은 부처님의 체질에서 특별히 뛰

어난 부분 서른 두 가지를 골라서 이르는 말입니다.
이 색신과 상을 합쳐서 상호(相好)라고 합니다.

멸도(滅度)
번뇌를 벗어나서 깨달음의 최고 경지인 아뇩다라삼
먁삼보리에 이르러 열반에 들어갔다는 뜻입니다.

무명(無明)
올바른 지혜(智慧)가 없는 어리석음을 말합니다. 산
스크리트어로는 Avidya입니다. 번뇌의 근원인 무
지(無知)를 뜻합니다. 모든 존재의 인과(因果)를 12
단계로 설명하는 12연기설(十二緣起說)에서도 첫
단계에 무명이 있다고 설정하고 있습니다.

무상(無常)
만물의 존재가 생기고 없어지는 변화 과정은 지속
되며, 동일한 상태로는 머물지 않는 것을 말합니다.
산스크리트어로는 Anitya라고 합니다.

무아(無我)

이 세상의 모든 존재나 현상에는 잡을 수 있는 실체가 없다는 것으로 제행무상(諸行無常)을 말합니다. 산스크리트어로는 Anatman이라고 합니다. 여기서 아(我, Atman)는 영혼을 의미합니다.

무유정법(無有定法)

'변하지 않고 고정되어 있는 법(法)은 없다'라는 뜻입니다. 법(法)에 대해 집착을 일으키면 고정되어 있는 법, 즉 유정법(有定法), 유위법(有爲法), 유루지견(有漏之見)에 빠지게 됩니다. 하지만 법상(法相)과 법(法)에 대한 집착이 사라지면 무유정법(無有定法), 무위법(無爲法), 무루지견(無漏之見)을 체득하게 됩니다.

무위법(無爲法)

유위법(有爲法)의 반대 개념으로 연기법(緣起法)의 적용을 받지 않는 현상을 말합니다. 연기법에 따라 생멸 변화하는 유위(有爲)와는 달리 영원불변으로 조작되지 않고 계속 머무는 법(法)을 말하며, 열반이 대표적인 무위법의 예입니다.

바라밀다(波羅蜜多)

이쪽의 언덕(차안, 此岸)에 있는 번뇌의 현실 세계에서 저쪽의 언덕(피안, 彼岸)에 있는 부처님의 깨달음 세계로 건너가는 실천 수행을 의미하므로 결국 "깨달음을 완성시킨다"는 뜻입니다. 산스크리트어 Paramita의 음을 중국식 한자로 표기한 것입니다. 보통 여섯 가지 바라밀다, 즉 6바라밀다(六波羅蜜多)를 실천 수행법으로 활용하고 있는데, 이는 보시(布施), 지계(持戒), 인욕(忍辱), 정진(精進), 선정(禪定), 지혜(智慧)를 말합니다.

반야심경(般若心經)

반야심경은 줄여 부르는 말이고, 본래 이름은 마하반야바라밀다심경(摩訶般若波羅蜜多心經)입니다.

마하(摩訶)는 '크다'라는 뜻으로 작은 것에 대한 상
대적인 개념이 아니라 절대적인 개념의 '크다'를
총칭합니다. 반야(般若)는 산스크리트어 Prajna의
음을 중국식 한자로 옮긴 것으로 뜻은 지혜(智慧)입
니다. 지혜의 한자는 보통 知惠로 표기합니다만, 여
기서는 불교 용어로서 智慧로 표기합니다. 바라밀
다(波羅蜜多)는 산스크리트어 Paramita의 음을 중
국식 한자로 옮긴 것으로 뜻은 완성입니다. 따라서
마하반야바라밀다(摩訶般若波羅蜜多)는 '큰 지혜
의 완성'이라는 뜻이 됩니다. 반야심경의 심(心)은
'중심, 핵심'의 뜻이므로 반야심경(般若心經)이란
'큰 지혜의 완성, 그 핵심을 설법한 경전'이라는 뜻
입니다.

범부(凡夫)
올바른 이치를 깨닫지 못하여 지혜가 얕고 무지(無
知)하여 어리석은 중생을 말합니다.

법(法)

부처님의 가르침을 말하며, 3장(三藏), 즉 경(經, 가르침), 율(律, 일상규칙), 논(論, 경과 율에 대한 해설)의 세 종류가 있습니다. 산스크리트어로는 Dharma라고 합니다. 법은 부처, 승려와 함께 3보(三寶)를 구성하는 요소입니다.

법상(法相)

불교는 모든 현상을 있는 그대로 인식하여 번뇌를 벗어나서 해탈하기 위한 아뇩다라삼먁삼보리에 이르는 길을 제시하고 있는데, 여기서 인식의 대상인 현상, 즉 법(法)의 있는 그대로의 모습을 말합니다.

보살(菩薩)

보살은 보리살타(菩提薩埵)의 준말입니다. 보리살타는 산스크리트어 Boddhisattva음을 중국식 한자로 표기한 것입니다. 원래는 싯다르타 왕태자가 부처가 되기 전 수행할 당시에 불렸던 명칭으로 깨달음을 구해 수행하는 구도자(求道者)를 일컫는 말입니다. 부처님의 자비(慈悲)와 지혜(智慧)를 전파하고 부처님의 보좌역할을 담당하여 중생들을 번뇌와 괴로움으로부터 구제해 주는 관음보살(觀音菩薩), 지장보살(地藏菩薩)이 대표적인 보살입니다. 대승불교의 발전과 함께 그 뜻이 확대해석되어 현재는 깨달음을 구해 수행하는 사람(보통 여성)을 모두 보살이라 부르고 있습니다.

보시(布施)

보시(布施)는 여섯 가지 바라밀다(六波羅蜜多), 즉 보시(布施), 지계(持戒), 인욕(忍辱), 정진(精進), 선정(禪定), 지혜(智慧) 가운데 첫 번째를 차지하는 중요한 실천 수행법입니다. 여기서 한자로는 포시(布施)라고 쓰고 한글로는 보시라고 읽습니다. 대승불교에서 중생을 구제하는 수행법의 하나로 제시하는 것이 보시입니다. 이는 육체적(몸), 언어적(말) 그리고 의식적(뜻) 행위에 청정심(淸淨心)을 유지하면서 조건 없이 남에게 자비심을 베푸는 실천 수행법의 하나입니다. 보시는 여러 가지로 분류할 수 있는데, 대표적인 3보시(三布施)는 재물(財物)보시, 법(法)보시, 무외시(無畏施)의 세 가지를 말합니다. 재물보시는 재물을 필요로 하는 사람에게 생색을 내지 않고 조건 없이 제공하는 행위입니다. 법보시는 진리를 구하러 온 사람에게 자신이 가진 식견과 지혜를 조건 없이 공유하는 행위입니다. 무외시는 재난을 당하여 공포와 위험에 처한 사람을 조건 없이 구조해 내어 안전과 평화를 얻어주는 행위입니다. 보시에는 보시하는 사람, 보시를 받는 사람, 보시하는 물건의 세 가지 형상, 즉 3륜상(三輪相)이 있습니다. 이 세 가지를 마음속에 의식하고 생색을 내면서 보시하는 행위를 유상보시(有相布施), 무심(無心)으로 조건 없이 보시하는 행위를 무주상보시(無住相布施)라고 합니다. 여기서 무주(無住)는 "머무름이 없다"는 뜻으로 온전한 자비심으로 행하는 보시이며, 무주상보시가 참된 보시입니다.

불(佛), 불타(佛陀)

'깨달음을 얻었다'는 뜻을 가진 산스크리트어 Buddha의 음을 중국식 한자로 표기한 것입니다. 불(佛)은 불타(佛陀)의 준말입니다. 한국에서는 부처라고 부릅니다. 한자로는 각자(覺者), 정각자(正覺者)로 표기하기도 하며, 원래는 불교의 창시자인 석가모니를 가리키는 말입니다. 불교에서는 모든 사람이 부처가 될 수 있다고 보는데, 그 수단이나 기간 등의 차이에 따라 불교 종파가 나뉩니다.

불성(佛性)

부처가 되는 성품을 말하며, 불심(佛心)이라고도 합니다. 산스크리트어로는 Buddatva라고 합니다. 깨달음에 이르는 잠재력, 가능성을 의미합니다. 불교에서는 사람을 포함한 만물이 이 불성을 가지고 있다고 봅니다. 일체중생실유불성(一切衆生悉有佛性)이란 '모든 중생은 부처가 될 성품을 지니고 있다'는 뜻입니다.

비구(比丘), 비구니(比丘尼)

출가한 남자, 여자가 각각 사미(沙彌), 사미니(沙彌尼)가 되어 20세에 이른 뒤 구족계(具足戒)를 받으면 각각 비구, 비구니가 됩니다. 그 뜻은 수행을 하면서 걸식(乞食)하는 자, 즉 산스크리트어로 Bhiksu라고 합니다. 초기의 불교 교단에서 이들은 가정 생활을 버리고 집을 나와 머리를 깎고, 세 가지의 옷과 한 개의 발우(鉢盂), 즉 삼의일발(三衣一鉢)과 함께 일체의 소유를 버리고, 재가 불자의 기부를 활용하여 생활하되, 기본적으로 옷은 버려진 천을 주워서 만든 분소의(糞掃衣), 식사는 탁발, 즉 걸식에 의존하였습니다. 삼의(三衣)는 승려의 소지품인 세 가지 가사(袈裟, 옷)를 말하며, 설법(說法)할 때 또는 마을에 나가 걸식을 할 때 입는 대의(大衣), 보통 때 위에 입는 옷으로 왼쪽 어깨를 덮는 복좌견의(覆左肩衣), 그리고 속에 입는 내의(內衣)를 말합니다. 발우는 승려들이 소지하는 밥그릇으로 바루라고도 합니다.

4구게(四句偈)

네 개의 문구(文句), 즉 4구(四句)로 된 게문(偈文)을 말합니다. 1구(句)는 한자 기준으로 3~10자 정도로 구성되며, 4구(四句)를 1게송(一偈頌)으로 구성하고 있기 때문에 4구게라고 합니다.

4성제(四聖諦)

인간 세상은 괴로움으로 가득 차 있습니다. 태어나는 것도 괴로움이요, 늙고 병들고 죽는 것도 괴로움입니다. 증오의 대상과 만나는 것도 괴로움이요, 사랑하는 대상과 헤어지는 것도 괴로움이요, 갖고 싶은 것을 얻지 못하는 것도 괴로움입니다. 집착에서 벗어나지 못하는 모든 것이 괴로움입니다. 이것을 괴로움의 존재에 관한 진리, 즉 고성제(苦聖諦)라고 합니다. 괴로움이 생기는 이유는 마음에 번뇌가 있기 때문입니다. 이 번뇌는 격렬한 욕망 때문에 생깁니다. 이 욕망은 집착 때문에 생기는 것인데 보이는 것이나 듣는 것을 갖고 싶어 하는 마음입니다. 이것이 심해지면 심지어 죽고 싶다는 마음이 생기기도 합니다. 이것을 괴로움의 원인에 관한 진리, 즉 집성제(集聖諦)라고 합니다. 번뇌의 근원을 전부 없애고 집착에서 벗어나면 괴로움은 사라집니다. 이것은 괴로움을 없애는 진리인데 멸성제(滅聖諦)라고 합니다. 괴로움이 모두 사라진 경지에 이르기 위해서는 여덟 가지 올바른 길, 즉 8정도(八正道)를 수행해야 합니다. 이들 여덟 가지는 욕망을 없애기 위한 올바른 길에 관한 진리인데 도성제(道聖諦)라고 말합니다. 깨달음을 얻고자 하는 사람은 반드시 4성제를 알아야 합니다.

32상(三十二相)

전생에 공덕을 많이 쌓아야 나타나는 32가지 상(相, 모습)을 말합니다. 32상에는 매력적인 용모, 날씬하고 단정한 몸매, 카리스마 넘치는 풍채, 훤출한 키, 짙은 눈썹, 가늘고 긴 손가락, 부드러운 손발, 부드럽고 매끄러운 피부, 희고 가지런하고 빽빽한 치아,

맑은 눈동자, 청아(清雅)한 목소리 등이 있습니다.

수자상(壽者相)

네가지의 상(四相)인 아상(我相), 인상(人相), 중생상(衆生相), 수자상(壽者相) 가운데 하나로 인간은 선천적으로 일정한 수명을 받았다는 생각에 집착하거나 연령이나 지위가 높다는 이유로 옳고 그름을 가리지 않고 자신을 앞세워 집착하는 마음을 말합니다.

선법(善法)

선(善)한 교법(教法)의 준말입니다. 4성제(四聖諦), 8정도(八正道), 5계(五戒), 6바라밀다(六波羅密多) 등 부처님의 가르침을 바탕으로 이치에 맞고 자신과 세상을 이롭게 하기 위한 선업(善業)을 행하는 실천 수행법을 말합니다.

선정(禪定)

불교 수행법 중의 하나로 생각을 쉬는 것을 의미합니다. 잡념과 집착에서 벗어나기 위해 마음을 쉬는 무념(無念), 무상(無想)의 수행법을 말합니다. 8정도(八正道)의 한 요소인 정정(正定)은 올바른 마음의 통일(정신 집중)을 말합니다.

성향미촉법(聲香味觸法)

인간이 가진 여섯 가지 감각기관, 즉 안(眼, 시각), 이(耳, 청각), 비(鼻, 후각), 설(舌, 미각), 신(身, 신체감각), 의(意, 촉각)를 6근(六根)이라 하고, 6근을 통해 인식되어진 여섯 가지 대상, 즉 색(色, 형색), 성(聲, 소리), 향(香, 냄새 또는 향기) 미(味, 맛), 촉(觸, 피부자극), 법(法, 의식)을 6경(六境)이라 합니다. 6근과 6경을 근거로 인식하여 생기는 여섯 가지 마음의 작용, 즉 안식(眼識), 이식(耳識), 비식(鼻識), 설식(舌識), 신식(身識), 의식(意識)을 6식(六識)이라 합니다. 6근과 6경을 합쳐 12처(十二處)라

하고, 6근, 6경, 6식을 모두 합쳐 18계(十八界)라고 합니다. 성향미촉법은 6경 가운데 물질을 나타내는 색(色)을 제외한 5경을 말합니다.

수보리(須菩提)

사위국(舍衛國)의 상인 집안 출신으로 석가모니 부처님의 10대 제자 가운데 한 사람입니다. 산스크리트어로 Subhuti라고 합니다. 공(空) 사상에 대해 깊이 이해하였다 하여 해공제일(解空第一)이라 불리기도 합니다. 싯다르타 고타마(Siddhartha Gautama) 왕태자가 석가모니 부처가 된 뒤에 불법(佛法)을 전파하기 위해 머물렀던 기원정사(祇園精舍)를 세웠던 수달다(須達多)가 수보리의 숙부입니다. 석가모니께서 기원정사에서 행한 설법을 듣고 출가하였다고 합니다. 금강경은 석가모니 부처님께서 사위국 기수급 고독원에서 진행했던 법회에서 석가모니 부처님과 수보리 사이에 있었던 문답 내용을 정리한 것입니다.

수지독송(受持讀誦)

경전을 받아 지니고 마음속에 새기며 읽고 공부하며 부처님의 가르침대로 실천하기 위한 수행법을 말합니다.

아뇩다라삼먁삼보리(阿耨多羅三藐三菩提)

산스크리트어 Anuttara Samyak Sambodhi의 음을 한자로 옮긴 것으로 '깨달음의 최고 경지'라는 뜻입니다. 아뇩다라(Anuttara)는 무상(無上, 더 이상 위가 없음), 삼먁(Samyak)은 거짓이 아닌 진실, 삼보리(Sambodhi)는 정등각(正等覺, 모든 지혜를 널리 깨침), 보리는 부처님의 깨달음을 의미합니다.

아라한4과(阿羅漢四果)

엄밀히 말해 소승 수행자들의 최고 이상형이 아라한, 대승 수행자들의 최고 이상형이 보살입니다. 아라한은 자신의 깨달음을 먼저 성취한 다음에 이를 통해 얻은 지혜로 중생들을 교화하고자 하는 것이며, 보살은 중생들을 위해 먼저 자비 수행한 다음에 이를 통해 얻어진 공덕으로 자신의 깨달음을 추구하는 것입니다. 아라한의 본래 뜻은 완전해진 사람, 위대한 사람으로 어떤 개인이 자신의 고통을 없애고 그 수행에 만족하는 존재를 말합니다. 사람은 인격에 따라 범부(凡夫), 현인(賢人), 성인(聖人)으로 구분할 수 있는데, 아라한을 수다원(須陀洹), 사다함(斯陀含), 아나함(阿那含), 아라한(阿羅漢)의 네 단계로 분류합니다. 수다원은 '5온은 모두 공(空)함'을 꿰뚫어 보고 몸과 마음의 탐욕과 분노와 무명(無明)이 소멸된 제1단계의 정신 세계에 처음으로 흘러 들어간, 즉 입류(入流)한 성인을 말하며, 아라한1과라고 합니다. 사다함은 그 2단계로 더 깊은 무상(無常), 무아(無我)를 통찰하여 윤회에서 한번 되돌아 오는 일래과(一來果)를 말하며, 아라한2과라고 합니다. 아나함은 그 3단계로 윤회에서 되돌아 오지 않는 불환과(不還果)를 말하며, 아라한3과라고 합니다. 마지막으로 아라한은 어떠한 탐욕, 분

노, 무명도 남아있지 않고 모든 번뇌가 소멸한 단계를 말하며, 아라한4과라고 합니다. 아라한4과는 더 이상 배우고 닦을 만한 것이 없으므로 무학(無學)이라고 합니다. 그 이전의 단계는 아직 배우고 닦을 필요가 있으므로 유학(有學)이라고 합니다. 초기 경전에서는 아뇩다라삼먁삼보리를 얻었다는 점에서 아라한과 부처를 동등하게 다루었으나, 그 차이는 부처의 깨달음은 제자들인 아라한의 지혜보다 탁월한 정등각 지혜(正等覺 智慧)라는 점입니다.

아상(我相)

네가지의 상(四相)인 아상(我相), 인상(人相), 중생상(衆生相), 수자상(壽者相) 가운데 하나로, 자신의 학문, 능력, 지위, 재산 등을 자랑하며 남을 멸시하고, 잘난 체, 똑똑한 체, 아는 체하며 집착하는 마음을 말합니다.

아수라(阿修羅)

신에 대항하는 악마를 말합니다. 산스크리트어로 Asura입니다. 여기서 Sura는 신(神), 접두사 A는 부정을 나타냅니다. 아수라는 한 명이 아닌 그런 부류를 총칭하는 집합의 개념입니다.

아제아제 바라아제 바라승아제 모지 사바하(揭諦揭諦 波羅揭諦 波羅僧揭諦 菩提 娑婆訶)

반야심경의 진언(眞言, 지혜를 축약하여 짧은 문구로 표현한 말)입니다. 산스크리트어 Gate Gate Paragate Parasagate Bodhisvaha의 음을 한자로 옮긴 것으로 뜻은 '가자! 가자! 저 깨달음의 세계로 가자! 모두 함께 저 깨달음의 세계로 가자! 오! 깨달음이여! 축복이어라!' 입니다. 여기서 한자 보리(菩提)는 모지로 읽습니다.

업(業)

인과관계에서 행위가 가져오는 결과를 말합니다.

산스크리트어로는 Karman입니다. 일상적으로 Karma라고도 합니다. 모든 행위는 선악(善惡), 고락(苦樂)의 업보를 초래하는 것입니다. 선업(善業)이나 악업(惡業)을 반복하여 누적시켜 나가면 그 힘이 미래에 영향을 미친다고 보는 사상입니다. 업은 육체적(몸), 언어적(말) 그리고 의식적(뜻) 세 가지 행위에 의해 일어난다고 생각하고 있습니다. 8정도(八正道)의 한 요소인 정업(正業)은 올바른 행위를 말합니다.

연기(緣起)

인연생기(因緣生起)의 준말입니다. 산스크리트어 Pratityasamutpada를 번역한 것입니다. 만물의 현상은 상호관계 속에 생기고 일어난다고 보는 사상입니다.

연등불(燃燈佛)

석가모니 부처의 전생에 석가모니에게 수기(授記,

확인증)를 준 과거불(過去佛)을 말합니다. 산스크리트어로 Dipamkara라고 합니다. 석가모니께서 과거세(過去世)에서 보살계를 닦고 있을 때 스스로 부처가 되겠다는 서약, 즉 서원(誓願)을 세웠는데, 연등불(燃燈佛)이 출현하여 '그대는 미래세(未來世)에 반드시 성불(成佛)하여 호(號)를 석가모니라 할 것'이라는 수기를 주었습니다. 이 연등불을 정광여래(錠光如來) 또는 정광불(錠光佛)이라고도 합니다.

열반(涅槃)

'불을 입으로 불어서 끄는 것' 또는 '불어서 꺼진 상태'라는 의미를 가진 산스크리트어 Nirvana를 중국식 한자로 표기한 것입니다. 멸(滅), 적멸(寂滅) 또는 멸도(滅度)로 번역하기도 합니다. 모든 번뇌와 집착을 없애고 깨달음을 얻어 해탈한 최고 경지, 즉 아뇩다라삼먁삼보리(阿耨多羅三藐三菩提)를 말합니다. 살아 있으면서 열반에 도달한 경우를 유여(有餘)열반, 죽고 나서 열반에 도달한 경우를 무여(無

餘)열반이라고 합니다.

염불(念佛)

정신을 집중하여 부처님과 부처님 가르침 그리고 경전을 입으로 독송 또는 암송하며 마음에 되새기는 수행법을 말합니다. 이에 비해 관불(觀佛)은 석가모니불상, 아미타불상 등 불상을 관찰하면서 부처님의 가르침을 마음에 되새기는 수행법을 말합니다.

5온(五蘊)

몸과 마음이 다섯 가지 요소, 즉 색(色), 수(受), 상(想), 행(行), 식(識)으로 이루어져 있다는 것을 뜻합니다. 색은 물질적인 형태로서 육체를 의미합니다. 수는 감각적인 형태로서 '느낌을 받는다'는 감정을 의미합니다. 상은 마음속에 어떤 생각을 떠올려 관념을 형성하는 것을 의미합니다. 행은 행위를 통해 형성되는 마음의 작용을 의미합니다. 식은 대상을 인식하고 판단하는 마음의 작용을 의미합니다. 5온 가운데 색온(色蘊)은 육체적 요소, 수상행식의 4온(四蘊)은 정신적 요소입니다. 정신적인 요소인 4온은 육체적인 요소인 색온과 함께 몸과 마음을 이루기 때문에 명색(名色)이라고도 합니다.

우바새(優婆塞), 우바이(優婆尼)

각각 남자 및 여자 재가불자를 말합니다. 본래 재물을 많이 가진 남녀 재가불자인 가라월(迦羅越)이 구분되어 우바새와 우바이가 되었습니다. 이들이 지켜야 할 계율은 삼귀오계(三歸五戒)입니다. 삼귀(三歸)는 '불(佛), 법(法), 승(僧)의 삼보(三寶)에 귀의함'을 뜻하며, 오계(五戒)는 ①살생하지 말라, ②도둑질하지 말라, ③간음하지 말라, ④거짓말하지 말라, ⑤술을 마시지 말라입니다. ⑤술을 마시지 말라는 ⑤술을 팔지 말라로 바꾸어 적용하기도 합니다.

유위법(有爲法)

인연생기(因緣生起), 즉 줄여서 연기(緣起)에 따라 만물은 무상(無常)하여 생멸(生滅) 변화한다고 보는 사상입니다. 만물이 생기고 멸하는 것은 유위(有爲)가 있는 까닭에 가능한 것이며, 유위(有爲)의 작용이 없이는 만물이 생멸할 수 없으므로 이 법칙을 유위법이라 합니다.

윤회(輪廻)

과거의 전생(前生), 현재의 현생(現生) 그리고 미래의 내생(來生)으로 태어나고 죽는 과정이 바퀴가 굴러가듯이 반복되는 것을 말합니다. 산스크리트어로 Samsara라고 합니다. 번뇌의 세계에서 깨달음의 세계로 탈출하지 못하면 지옥, 아귀, 축생, 아수라, 인간, 천상의 여섯 가지 세계를 영원히 반복하게 됩니다. 이 윤회의 바퀴에서 벗어난 상태가 부처입니다.

인상(人相)

네가지의 상(四相)인 아상(我相), 인상(人相), 중생
상(衆生相), 수자상(壽者相) 가운데 하나로, 몸과 마
음의 5온(五蘊)이 화합하여 생긴 나(아, 我, Atman)
는 인간이기 때문에 지옥 중생이나 축생과는 다르
다고 생각하고, 우주 만물 가운데 인간이 가장 중요
하며, 만물은 모두 인간을 위해 존재한다는 생각에
집착하는 마음을 말합니다.

인연(因緣)

결과를 생기게 하는 직접적인 원인인 인(因)과 그
원인을 보조하는 외적 조건인 연(緣)이 결합된 단어
입니다. 산스크리트어로는 Hetupratyaya라고 합니
다. 만물은 인연에 의해 생기고 없어지므로 이것을
인연소생(因緣所生)이라고 합니다.

인욕(忍辱)

이 세상의 온갖 고통과 번뇌를 참고 원한을 일으키

지 않는 실천 수행법 중의 하나입니다.

자비(慈悲)

상대방에게 즐거움을 주는 자(慈)와 상대방의 괴로움을 없애주는 비(悲)를 합친 말로서 상대방과 함께 기쁨과 슬픔을 공유하는 행위를 말합니다. 산스크리트어로는 Maitrikaruna입니다. 상대방을 차별하지 않고 자비를 베푸는 것이 부처이며, 이를 상징적으로 표현한 것이 관음(觀音)보살, 지장(地藏)보살입니다.

정진(精進)

실천 수행법 중의 하나로 게으름을 부리지 않고 부지런히 수행하는 태도를 말합니다. 단순히 열심히 노력한다는 것이 아니라 청정심을 가지고 선악의 가치를 충분히 생각하면서 깨달음을 얻기 위해 부단히 실천 수행하는 것을 의미합니다. 8정도(八正道)의 한 요소인 정정진(正精進)은 올바른 노력을 말합니다.

중도(中道)

편견이 없는 중간의 길을 말합니다. 산스크리트어
로 Madhyama Pratipad라고 합니다. 단순히 '중간
의 길을 간다'는 뜻이 아니라 현실을 공정하게 관찰
하고 행동하는 것을 의미합니다. 양극단을 부정하
고 지양하는 사상입니다.

중생상(衆生相)

네가지의 상(四相)인 아상(我相), 인상(人相), 중생
상(衆生相), 수자상(壽者相) 가운데 하나로, 부처와
중생을 구별하여 '나 같은 중생이 무엇을 할 수 있
겠는가'라는 열등감을 갖거나 자신을 과소평가하
여 발전하지 못하는 생각에 집착하는 마음을 말합
니다.

지계(持戒)

실천 수행법 중의 하나로 부처님의 가르침과 계율을 지키는 것을 말합니다. 엄밀히 말해 악(惡)을 방지하기 위한 윤리 덕목이 계(戒)이고, 그 규범이 율(律)입니다. 계는 구속력이 없는 자율적인 지침입니다. 그러나 이것이 명문화되어 구속력을 가지게 되면 계율이 됩니다. 승려의 윤리 덕목은 비구의 250계, 비구니의 348계가 있습니다. 출가(出家)한 비구, 비구니가 지켜야 할 계율을 구족계(具足戒)라고 합니다. 일반인도 지키도록 권장하고 있는 5계(五戒)는 ①살생하지 말라, ②도둑질하지 말라, ③간음하지 말라, ④거짓말하지 말라, ⑤술을 마시지 말라입니다. ⑤술을 마시지 말라는 ⑤술을 팔지 말라로 바꾸어 적용하기도 합니다.

지혜(智慧)

보통 사용하는 지혜(知惠)와 구분하며 산스크리트어로는 Prajna라고 하는데, 그 음을 중국식 한자로 표기한 것이 반야(般若)입니다. 단순한 지식을 말하는 것이 아니라 모든 현상의 배후에 존재하는 진실을 깨우치는 것을 말합니다. 지혜를 얻어 깨달음을 완성하는 것을 반야바라밀다(般若波羅蜜多)라고 합니다. 여기서 바라밀다는 산스크리트어 Paramita를 한자로 표기한 것으로 완성이라는 뜻입니다.

청정심(清淨心)

아뇩다라삼먁삼보리에 이르는 원천인 불성(佛性)을 말합니다. 맑고 깨끗한 사람의 본래 마음, 즉 자성(自性)으로 부처가 되기 위한 씨앗이라 할 수 있습니다.

출가(出家)

깨달음을 얻기 위해 가정생활을 벗어나서 전문적으로 수행하는 것을 말합니다. 산스크리트어로는 Pravrajana라고 합니다. 출가하지 않고 가정을 지키며 수행하는 사람을 재가불자(在家佛者)라고 합니다.

8정도(八正道)

올바른 견해(정견, 正見), 올바른 생각(정사유, 正思
惟), 올바른 말(정어, 正語), 올바른 행위(정업, 正
業), 올바른 생활(정명, 正命), 올바른 노력(정정진,
正精進), 올바른 의식(정념, 正念), 올바른 마음 통
일(정정, 正定)의 여덟 가지 올바른 길을 말합니다.

항하(恒河)

인도의 갠지스 강(Ganga)을 말합니다. 석가모니 부
처님이 부처가 되기 전에 수행하던 곳인 우루빌바
(Uruvilva) 숲 근처에 있는 가야(Gaya)마을 옆을 흐
르는 나이란자나(Nairanjana)강의 상류입니다.

해탈(解脫)

윤회전생(輪廻轉生)하는 번뇌 세계의 속박에서 분
리되어 열반의 경지로 탈출하는 것을 말합니다. 산

스크리트어로는 Vimoksa라고 합니다. 번뇌의 세계에서 탈출하여 영원히 깨달음의 세계에 머무는 것이 부처입니다. 해탈하면 번뇌에서 벗어나게 되어 일체의 속박이 사라지고 거침이 없이 자유로운 상태가 됩니다.